W0397242

Kanya

In Kontakt mit dem Himmel

Autobiografie eines spirituellen Mediums

Kanya Katja Davidsen

1. Auflage Januar 2017

Copyright © 2017 Kanya Katja Davidsen
Alle Rechte vorbehalten

Autorin und Herausgeberin: Kanya Katja Davidsen
www.kanya.online E-Mail: katja.davidsen@icloud.com

Umschlaggestaltung: Nine Green Studio
Lektorat, Korrektorat: Heidi Goch-Lange, Dirk Grosser

Rechtlicher Hinweis:
Das Werk, einschließlich seiner Teile, ist urheberrechtlich geschützt. Jede Verwertung ist ohne Zustimmung desHerausgerbers und der Autorin unzulässig.
Dies gilt insbesondere für die elektronische oder sonstige Vervielfältigung, Übersetzung, Verbreitung und öffentliche Zugänglichmachung.

ISBN-13: 978-1541086814
ISBN-10: 1541086813

Aus Datenschutzgründen und zur Wahrung der Privatsphäre wurden alle im Buch erwähnten Namen von Personen und Institutionen geändert und Charaktere etwas verändert dargestellt.

Ich erlaube mir, dich, liebe Leserin und lieber Leser, in diesem Buch in der „DU“ -Form anzureden, da ich die Dinge, die ich hier darstelle, zu persönlich finde, um einen formalen Abstand des Siezens einzunehmen. Ebenso werde ich im weiteren Verlauf des Textes die geläufige männliche Ansprache wählen, wobei aber natürlich immer auch die weibliche Form inkludiert ist.

Für

meinen lieben Mann, unseren wunderbaren Sohn und meine großartige Mutter; ihr seid voller Verständnis mit mir diesen herausfordernden Weg gegangen und habt mich stets unterstützt, meine Berufung zu leben.

Für

alle Menschen, die mich auf diesem Weg so lange begleiten, mich stärkten und motivierten.

Für

alle Menschen, die ihrer Berufung und ihrem Herzen folgen wollen.

Für

alle wunderbaren Seelen,
die mir täglich begegnen und meinem Leben einen tieferen Sinn, Leichtigkeit und Fülle schenken.

Es gibt viele Wege
die Medialität zu entdecken.

Dies ist meiner...

Inhaltsverzeichnis

Vorwort

„... kann die auch Karten lesen?“

Diese Frage wurde mir gestellt, als ich einer guten Freundin von meinen Erfahrungen mit Kanya und dem Thema Medialität erzählte. Karten lesen, Pendeln, Kaffeesatz lesen und vieles mehr – an all das denken viele Menschen, wenn sie den Begriff Medialität hören. Irgendetwas Esoterisches, Abgehobenes, etwas, das nicht so recht zu dieser Welt gehört.

Ich bin so froh, dass dieses Buch endlich Schluss macht mit diesen Gedanken und dies in einer Form, die nicht wissenschaftlich verklausuliert ist, sondern verständlich, einfühlsam und von eigenem authentischen Erleben geprägt. Wir dürfen von diesem Buch keine Anleitung für den Kontakt zur geistigen Welt erwarten, sondern eine persönliche Auseinandersetzung mit dem Thema, die uns selbst bei unseren eigenen Entdeckungen begleiten kann.

Kanyas Buch nimmt uns die Zweifel an einer Parallelwelt. Es nimmt uns die Angst vor Geistwesen. Es vermittelt uns einerseits ein wenig theoretisches Grundwissen, andererseits ist es jedoch vor allem eine Einladung, selbst unsere Erfahrungen zu machen.

Das Medium ist der Mittler zwischen unbekannten Kräften und uns. Kanya wollte nie bewusst ein Medium werden. Sie ist eine Frau mit großer „irdischer“ Freude am Leben und allem, was dazu gehört. Ich habe mit ihr gemeinsam auch ganz wilde Zeiten erlebt. Sie ist auf den ersten Blick so gar nicht der Mensch, hinter dem man eine so tiefe Spiritualität vermutet. Warum ist das so? Weil sie sie nicht gesucht hat - sondern weil sie von ihr gefunden wurde. Die geistige Welt ist (ungefragt?) zu ihr gekommen und hat sie zum Medium, zur Vermittlerin gemacht. Und genau das ist die Faszination, die von Kanya ausgeht. Gibt es eine tiefere und innigere Beziehung als die, welche von ganz allein entstanden ist?

Wie sehr muss die geistige Welt Kanya lieben und schätzen, wenn sie ihr eine so große Aufgabe gibt und zutraut? Und wie sehr muss sie diese Verbindung und Aufgabe lieben, denn sie war und ist auch mit großen Einschnitten in ihrem Leben verbunden.

Durch Kanya werden Kontakte zur geistigen Welt und Informationen, die von dort mitgebracht werden, REAL. Kanya macht sie für ihre Klienten und nun auch für ihre Leser so greifbar, dass sie zu einem selbstverständlichen Teil des Lebens werden und Geborgenheit, Sicherheit und viele Antworten schenken. In diesem Buch können wir lernen, dass die geistige Welt nicht auf Knopfdruck reagiert und antwortet, dass wir jedoch immer die passenden

Antworten auf Fragen erhalten, die in uns schlummern und wichtig für uns sind.

Ich hoffe, nein ich weiß, dass dieses Buch für viele Menschen ein großer Schritt in eine Welt ist, von der uns immer klar war, dass es sie gibt. Diese Welt muss uns keine Angst mehr machen, sondern kann uns selbstverständlich begleiten. Sie gehört zu uns wie Rituale und Glaubenssätze – und wir dürfen sie auch immer wieder kritisch hinterfragen.

Kanyas Buch lädt uns ein, das Wissen der geistigen Welt für jeden nutzbar zu machen, ohne sich einer religiösen Tradition anzuschließen, sondern autonom und selbstbestimmt eigene Erfahrungen zu machen.

Klaudia Greif

Einleitung

... lies mit dem Herzen, nicht mit dem Verstand

Das Leben führte mich zur Medialität und die Medialität führte mich zurück zu mir, in ein bewussteres und reicheres Leben. Durch den medialen Weg erlebte ich eine entscheidende Wende: Ich lernte, mich anzunehmen, wie ich wirklich bin; lernte, meine sensible Seite verstehen und nutzen zu lernen und vor allen Dingen ein wirklich erfülltes Leben zu führen.

Mit diesem Buch hältst du meine Autobiografie in den Händen. Von Herzen danke ich dir, dass du dich entschieden hast, etwas über den Weg zu meiner Tätigkeit als Medium erfahren zu wollen. Ich habe in diesem Buch vieles niedergeschrieben, was ich in den letzten Jahren mit der „geistigen Welt" erlebt habe.

Durch diese Erlebnisse habe ich erkannt, dass es eine Welt neben unserer Welt, eine Existenz neben unserem Dasein geben MUSS, und dass diese uns liebt, begleitet und sie sich wünscht, dass wir sie wahrnehmen. Ohne Angst und Scheu sollten wir dies tun. Denn die Art und Weise, wie wir diese Beweise interpretieren, hat einen immensen Einfluss auf unsere Wahrnehmungen. Sie bestimmen, wie wir die geistige Welt sehen und ob wir sie weiter annehmen oder wegstoßen werden.

Jede Erfahrung, in welchen Lebensbereichen das auch sein mag, nehmen wir vollkommen unterschiedlich wahr und entscheiden damit auch immer, ob wir etwas Positives oder Negatives darin sehen.

Wenn wir uns also nicht sperren, sondern die Möglichkeit zulassen, dass uns etwas „Übernatürliches" erreicht, können erste mediale Kontakte wundervoll und heilsam sein. Ebenso können sie auch erschreckend und beängstigend auf uns einprasseln.

Es ist mir nicht gelungen, mein Buch frei von Emotionen zu schreiben, obwohl ich davon überzeugt bin, dass ich mir mit vielen Emotionen nur selber im Weg stand und ich dich gerade „davor" schützen wollte. Doch diese Emotionen gehören offensichtlich zu diesem Weg dazu – und vielleicht hilft es dir auf deinem eigenen Weg, zu sehen, dass auch ich mich mit ihnen auseinandersetzen musste.

Mit diesem Buch beschreibe ich, wie sich die geistige Welt meinem Leben näherte, damit ich endlich meiner Berufung als Medium folgte und nun viele Menschen auf diesem Weg begleite. Ich war fast mein ganzes Leben lang voller Vorurteile allen spirituellen Lebenseinstellungen gegenüber, musste über viele Jahre Fortschritte und Niederlagen erleiden und habe mir selber unglaublich viele Hürden in den Weg gestellt.

Sicherlich hast auch du bereits Erfahrungen auf diesem Gebiet gemacht oder hast eine Vorstellung davon, dass es diese andere Dimension geben könnte, sonst hättest du wahrscheinlich nicht das Bedürfnis, dich mit diesem Thema zu befassen.

Mein Herzenswunsch wäre es, dass du diese Ahnung und dieses Wissen in Liebe in deinem Herzen trägst und dich von meinen Erlebnissen bestätigt fühlst, dass wir liebevoll und mit besten Absichten begleitet werden - und dass jeder Anstoß, dies bewusst wahrzunehmen, uns dient und niemals schaden soll.

Das Vertrauen in dieses Wissen erhellt ganz sicher auch dein Leben und lässt Heilung in deiner Seele und deinem Körper geschehen.

Es ist unser freier Wille, uns von unseren persönlichen Helfern aus der geistigen Welt begleiten, beschützen und heilen zu lassen. Nur wenn wir uns bereitwillig dafür öffnen und es zulassen, dürfen und können diese besonderen himmlische Kräfte uns in ihrer ganzen Fülle erreichen, uns eine liebevolle Stütze sein, Hilfe zukommen und heilsame Informationen zuteilwerden lassen, die uns im täglichen Leben sehr nützlich sein können.

Meine Kindheit

Im November 1969 wurde ich in Hamburg geboren. Bereits mit zwei Jahren bin ich täglich in den Kindergarten gebracht worden, weil meine Mutter in Vollzeit berufstätig war. Täglich wurde ich um 16.00 Uhr von meiner Mutter abgeholt, wartete jedoch bereits ab ca. 12.00 Uhr sehnlichst darauf, dass sie das Tor zum Kindergarten öffnete und mich nach Hause brachte. Ich habe es gehasst, von zu Hause weg zu sein, aber ich habe es nie geäußert. Meine Großeltern mütterlicherseits verstarben früh. Ich wuchs als Einzelkind auf.

Als meine Oma, die Mutter meines Stiefvaters, ihren wohlverdienten Ruhestand antrat, war die Betreuungszeit glücklicherweise beendet und ich durfte jeden Tag nach der Schule zu meiner Oma Friedel und Opa Nic. Das isolierte mich zwar von anderen Kindern, aber ich habe nichts vermisst. Ich habe es so sehr genossen, mit meiner Oma zu tanzen, zu reden, zu backen und zu kochen. Außerdem liebte ich es, ihre Kriegsgeschichten wieder und immer wieder zu hören. Diese Erzählungen waren schrecklich, aber in den Armen meiner Oma klangen sie wie Geschichten aus einem Buch und nicht wie ein Zeugenbericht aus erster Hand. Ich denke heute, dass sie meinen Drang nach Nähe erfüllte und ich ihr im Gegenzug bei der Bewältigung ihrer schlimmen Kriegsvergangenheit helfen konnte.

Wir gingen schwimmen, wir bummelten in Einkaufszentren und hatten viel Spaß mit allem, was wir zusammen unternahmen. Aber auch bei meiner Oma wartete ich sehnlichst auf die Ankunft meiner Mutter, die mich nach der Arbeit abholte. Meine Mutter und mich verband ebenso ein ganz inniges Verhältnis und sie war Mutter und beste Freundin in einer Person. Das durfte bis heute so bleiben.

Ich war ein außerordentlich ruhiges und extrem schüchternes Mädchen. Die Schulzeit empfand ich insofern sehr schwierig, als dass ich unbeschreibliche Angst hatte, frei zu sprechen. Referate vorzutragen oder Texte vor der Klasse vorzulesen, waren für mich schlimme Aufgaben, die mich tatsächlich „krank" machten. Ich litt fast jeden Tag unter für meine Eltern und unzählige Ärzte unerklärbaren Bauchschmerzen, die sicherlich dieser psychischen Belastung geschuldet waren. Die Scheu, vor Menschen zu reden, hatte sich bis ins Erwachsenenalter gehalten und wurde erst mit zunehmendem Vertrauen in die geistige Welt besser. Über meine medialen Erfahrungen zu sprechen, löst in mir mittlerweile Freude und Glücks-gefühle aus statt Stress und Angst.

Da dieses Buch von meinem Weg zum Medium erzählt, wartest du vielleicht darauf, dass ich von den Séancen berichte, die ich mit meiner Oma heimlich im Kämmerlein praktizierte, vom Gläserrücken oder dem Legen von Tarot-Karten. All das hat nicht stattgefunden. Ich bin nicht in einem spirituellen Umfeld aufgewachsen und habe auch nicht in jungen Jahren schon mit Verstorbenen kommuniziert, Krankheiten anderer Menschen aufgespürt oder Engel reden hören. Ich habe eine fast vollkommen „normale" Kindheit erlebt. Es gab lediglich einen „Zwischenfall". Ansonsten wuchs ich behütet und ohne erwähnenswerte Vorkommnisse auf.

Es reicht, zu erwähnen, dass die Fürsorge eines Mitarbeiters im Kindergarten über das gewünschte Maß hinausging ... Niemals habe ich darüber gesprochen und erwähne es hier nur aus einem Grund: Dieses Trauma hat in meiner Ehe einen viel zu großen Raum eingenommen und auch eine Therapie konnte dies nicht lösen.

Ich möchte gleich am Anfang vorwegnehmen, dass erst meine spirituelle Entwicklung alles zum Positiven veränderte. Doch dazu später mehr.

Lasse mich kurz erläutern, was mich motiviert hat, dieses Buch zu schreiben und meine Erfahrungen weitergeben zu wollen. Es gibt bereits zahlreiche Bücher über Spiritualität und Medialität und ich war zu Beginn meines Schreibprozesses nicht sicher, ob die Welt noch ein weiteres Buch braucht. Es gibt so wunderbare Bücher, in denen wertvolle Channelings veröffentlicht wurden. Und dennoch werde ich diesem Buch meine Durchsagen aus der geistigen Welt beifügen, weil sie dir zeigen dürfen, dass aller Anfang schwer ist. Die geistige Welt war nicht in der Lage, mir tiefgreifende Texte zu übermitteln. Anfangs waren die Sätze holprig und kurz und es wurde fast ausschließlich von mir und meiner Entwicklung gesprochen. Erst später wurden mir Informationen übermittelt, die die Zusammenhänge von Mensch und Geist sowie die verschiedenen Möglichkeiten der Kommunikation mit der geistigen Welt betrafen. Diese anfänglichen Texte sollen also Hoffnung machen, dass wir mit Disziplin und Hingabe in der Lage sind, irgendwann wunderbare Botschaften zu empfangen. Und genau das ist die Botschaft, die ich mit diesem Buch aussenden möchte. Vertraue darauf, dass die geistige Welt dich begleitet und alles dafür tut, dass du dich entwickelst.

Wenn du den Wunsch hast, zu kommunizieren, die Worte zu empfangen und die geistige Welt in dein Leben einzuladen, dann kannst du das vertrauensvoll tun. Sie wird dir nie schaden, sondern dir Beweise liefern, dass du beschützt und begleitet wirst. An jedem Tag in deinem Leben.

Der wesentliche Teil des Buches soll jedoch der Beschreibung meines persönlichen Weges zum spirituellen Medium dienen, um dir zu zeigen, dass dieser Weg auch Stolpersteine bereithalten kann und dennoch überaus lohnenswert ist. Mein größtes Anliegen in diesem Zusammenhang ist es, jedem Menschen Hoffnung zu machen, seiner Berufung zu folgen und alle Zweifel über Bord zu werfen, nicht „gut“ genug oder selbstsicher genug zu sein.

Wenn ich es geschafft habe, mich aus meinem Schneckenhaus zu befreien und meinem Leben eine komplett neue, wunderbare Richtung zu geben, dann kannst DU das erst recht.

Energie kommt aus der Steckdose

Ursprünglich habe ich als junge Frau Rechtsanwaltsgehilfin gelernt. Doch ich fühlte mich im Büro jeden Tag wie eine Gefangene. Nach der Geburt meines Sohnes wollte ich daher die Chance nutzen, mich neu zu orientieren. Ich wünschte mir, zu Hause zu arbeiten, flexibel zu sein und weiterhin die Betreuung unseres Sohnes übernehmen zu können. Unser Sohn Rafael war extrem unruhig. Ihm wollte ich das erdrückende Gefühl, welches ich in meiner Kindergartenzeit empfand, auf jeden Fall ersparen.

So absolvierte ich eine Ausbildung zur Kosmetikerin und konnte mich in unserem Haus verwirklichen. Mein Mann Henry richtete mir dazu einen einladenden, gemütlichen Behandlungsraum ein. Vom ersten Moment an wollte ich während der Anwendungen meinen Fokus darauf richten, den Kundinnen und Kunden Ruhe und Entspannung zu schenken. Während der Behandlungen ließ ich leise Meditationsmusik laufen, die Außenwelt war ohne Telefon und Klingel ausgeblendet. Ich konnte mich ganz und gar meinen Kunden widmen und tat dies mit wirklicher Hingabe. Der äußere Rahmen sollte alles dafür tun, dass ich mich dort in keiner Weise gefangen fühlte. Leider blieb es keineswegs so, dass meine Arbeit mich nährte und erfüllte – vielmehr brannte sie mich von Tag zu Tag mehr aus. So sehr ich es liebte, den Menschen Gutes zu tun und sie um mich zu haben, am Ende des Tages war ich oft nach nur zwei Behandlungen vollkommen erschöpft. Ich wusste nicht, warum mich meine hingebungsvollen und erfüllenden Behandlungen so ausbrannten, obwohl ich meinen neuen Beruf wirklich liebte. Imme häufiger ertappte ich mich dabei, dass ich mich darüber freute, wenn ein Termin abgesagt wurde.

Nach wie vor war Rafael sehr unruhig und brauchte extrem viel Zuwendung. Er litt laut Aussage der Lehrer und Ärzte unter ADHS, was ich jedoch nicht medikamentös, sondern durch Liebe und Zuwendung und später auch mit Reiki erfolgreich behandelte. Die Arbeit, die mich zu Beginn nährte und die mich auch vor dem Stress als Mutter fliehen ließ, entwickelte sich leider zunehmend zu einer neuen Belastung.

Eines Tages hatte sich eine Kundin mit dem Namen Heike Strahl angemeldet. Sie kam in mein Studio und trug ein buntes, wallendes Kleid. Sie strahlte eine herzliche Wärme aus und ich freute mich bereits auf einen netten Austausch mit ihr. Ich massierte sie voller Hingabe und tauchte dabei selbst in eine wunderbare Entspannung ein. Frau Strahl war hellauf begeistert von der Massage, spürte jedoch in unserer Unterhaltung nach dem Termin, dass etwas mit mir nicht stimmte. Sie fragte mich: „Aber ... wie lange wollen Sie das noch machen bei so unglaublich viel Energie, die sie geben? Das geht nicht mehr lange gut und sie werden sich sehr ausgebrannt fühlen!“

Ich hatte im ersten Moment wirklich keinen blassen Schimmer, wovon sie sprach. Für mich kam Energie aus der Steckdose, sicherlich aber nicht aus meinen Händen. Von welcher Energie sprach sie also, im Zusammenhang mit meiner Massage?

Die Lösung kam sogleich: Sie wollte mir ein Seminar anbieten, was dazu führte, dass ich ihr nur noch bedingt interessiert zuhörte. Trotz allem hatte sie in gewisser Weise Recht. Ich fühlte mich wirklich leer und ging deshalb am nächsten Tag in mein Fitness-Studio. Das Gespräch mit Frau Strahl war längst vergessen.

Da ich mich so ausgelaugt fühlte, ging ich geradewegs an den Fitnessgeräten vorbei in den Sauna- und Wellnessbereich, dessen luxuriöses Ambiente förmlich auf mich wartete: goldene Mosaiksteinchen in den Duschen, mit Musik untermalte Saunakabinen, zartes Vogelgezwitscher und sprudelnde Wasserfälle ließen mich von anderen Welten träumen. In der großen Außensauna bot sich mir ein fantastischer Blick über die Dächer von Hamburg. Hier tankte ich auf. Ich entschied mich definitiv gegen das Seminar, das Frau Strahl mir empfohlen hatte. Das war völlig indiskutabel, und ich war der Meinung, dass ich an einem solchen Sauna-Tag genügend entspannen und stärken könne.

Zu meinem Geburtstag hatte ich von meinem Fitness-Studio eine Bonuskarte bekommen, mit deren Rabatt ich mir an diesem Tag eine schöne Massage gönnen wollte. Ich studierte die Preisliste aus edlem Papier und das umfangreiche Angebot und war sehr erstaunt, eine Anwendung zu entdecken, die sich „Reiki“ nannte, und in deren Beschreibung ebenfalls dieses ominöse Wort „Energie“ auftauchte.

Reiki! Energie! Steckdose!

Meine Überraschung war groß, eine derartige Behandlung hier im Angebot zu finden. Mit dem Gutschein würde mich dieses „REIKI“-Abenteuer nicht viel kosten und so war ich bereit, mich darauf einzulassen. Etwas befangen fragte ich nach einem Termin. Bevor ich nun meine erste Erfahrung mit Reiki machen sollte, bekam ich einen sehr schmackhaften Blütentee zur Entspannung gereicht. Ich fragte mich: Was wird Reiki wohl sein? Würde ich es spüren können?

Im Wellnessbereich dieses Fitness-Studios würde ich nun zum ersten Mal damit in Berührung kommen und ich war wirklich sehr gespannt. Eine sympathische Frau bat mich, ihr in den Behandlungsraum zu folgen. Bevor es zur Energieübertragung kommen sollte, erklärte sie mir vorab den Ablauf. Sie sagte, dass sie sich mit USUI, dem Meister der Reiki-Energie, verbinden wolle und Energie aus ihren Händen in meinen Körper strömen würde. Ich musste dabei leicht in mich hinein grinsen.

„Die kosmische Energie verteilt sich gleich in Ihrem Körper“, sagte sie, „und mit dieser Energie können Blockaden in Ihrem Körper gelöst werden“.

Wieder konnte ich mir das Grinsen kaum verkneifen. Auf dem Rücken liegend weigerte ich mich erst einmal, die Augen zu schließen, denn ich wollte beobachten, ob sie wirklich nur ihre Hände benutzen würde, um mich ‚aufzuladen'.

Sie stand also neben mir an der Behandlungsliege, schloss die Augen und legte ihre Hände in Gebetshaltung vor ihre Brust und wurde still, um zu beten.

„Oh mein Gott!", dachte ich nur.

Wellen der Belustigung durchzogen mich. Mein Bauch bewegte sich auf und ab und ich musste nun die Augen schließen, um nicht laut aufzulachen. Ich versuchte ein lautes Lachen mit aller Kraft zu unterdrücken. Es prustete aber dann doch unkontrolliert aus mir heraus. In diesem Moment war ich dermaßen peinlich berührt, dass ich rot anlief. Ich lag hier auf der Liege und bezahlte dafür, dass eine Frau neben mir stand und betete. Ich konnte es nicht glauben, mich auf so etwas vollkommen Sinnloses eingelassen zu haben.

Sie begann nun vermutlich ihre Energieübertragung, indem sie mit geschlossenen Augen ihre Hände auf meinen Bauch legte. Ich fragte mich ernsthaft: „Wie sollte sie denn nun mit geschlossenen Augen wissen, wo ich Blockaden habe?"

Sie entspannte sich sichtlich. Ich hingegen vergnügte mich mit einer gewissen Genugtuung, dass meine Zweifel an derartigen Behandlungsmethoden wohl berechtigt schienen. Bei dem Gedanken musste ich leider erneut laut lachen. Welch eine peinliche Situation! Meine Reaktion riss diese Frau vollkommen aus ihrer Entspannung. Ihre liebevollen Worte beruhigten mich jedoch irgendwann und so konnte ich wenigstens die Augen schließen. Sie bat mich noch einmal darum, einfach loszulassen. Beschämt wie ich war, gab ich mein Bestes. Mir fiel das in dieser Situation unglaublich schwer. Doch ich ließ mich darauf ein, denn was hatte ich jetzt noch zu verlieren? Meine Gedanken schweiften erst einmal überall hin. Loszulassen war wirklich nicht leicht. Also versuchte ich wenigstens zu schlafen. In diesem Moment ließ ich jegliche Hoffnung auf ein wenig Entspannung los. Mit jedem Moment mehr und mehr. Und noch mehr ...

Dabei spürte ich, wie mein Körper immer leichter wurde. Irgendetwas veränderte sich. Ich war wach und dennoch in einem Dämmerzustand. Mein Körper fühlte sich unbeschreiblich ruhig und gleichzeitig lebendig an. Es schien, als würde ein sanfter Strom von Energie meinen ganzen Körper durchziehen. Und ich wurde leichter und leichter und leichter. Und irgendwann spürte ich nichts mehr. Keinen Körper, keine Liege unter mir. Nur ihre Hände auf meinem Bauch. Alles andere löste sich mehr und mehr auf. Selbst meine Gedanken hatten sich auf die Reise „irgendwohin" begeben. Es war seltsam und wunderschön zugleich.

Die Dame verließ den Raum. So lag ich da und hatte zunehmend das Gefühl, einfach nur zu schweben. Nein, es war kein Gefühl! Ich war sicher, wirklich zu schweben. Alles hatte sich aufgelöst. Meine Hände berührten die Liege nicht mehr! Auch meine Füße, Beine, mein Gesäß, mein Rücken, meine Arme, Schultern und mein Kopf schienen vollkommen losgelöst von der Erde zu sein. Ich hatte den Impuls, meine Finger zu bewegen, um zu kontrollieren, ob ich tatsächlich schweben würde. Doch ich befürchtete diesen wundervollen Schwebezustand dann sofort zu verlieren. Und das wollte ich auf gar keinen Fall!

Was ich hier gerade empfand und empfing war einfach zu überragend und himmlisch, als dass ich es jetzt stoppen wollte. Zaghaft tastete ich nach einer langen Zeit des inneren Friedens nach der Liege. Und tatsächlich lag ich wirklich noch auf ihr. Ich schwebte leider doch nicht. Aufgeregt berichtete ich der Reikibehandlerin, dass ich demnächst ein Reiki-Seminar besuchen würde, für das ich mich soeben entschieden hatte. Sie war hellauf begeistert und betonte, dass das für mich äußerst wichtig sei.

Reiki- und Engelseminar

Das Erlebnis im Wellnessbereich lag bereits einige Zeit zurück und ich war nicht mehr ganz sicher, ob ich mir vieles nur eingebildet hatte oder ob Reiki tatsächlich derartige Auswirkungen auf mich gehabt hatte. Mit dem Gefühl, endlich wieder Boden unter den Füßen und die Realität vor Augen zu haben, stellte ich mich auf einen ernüchternden Nachmittag bei Heike Strahl ein, mit der ich mich mittlerweile angefreundet hatte. Ich hatte mich nun zu dem Seminar eingefunden, in dem ich eine Reiki-Einweihung erhalten sollte. Ich saß neben einigen anderen Damen auf einem Stuhl und Heike stand hinter mir. Sie grummelte etwas Unverständliches in sich hinein und wirbelte mit ihren Händen herum. Nun bat sie mich zum wiederholten Male, meine Augen zu schließen. Schon diese Aufforderung weckte in mir den Instinkt, wachsam zu sein. Ich blinzelte gelegentlich, denn ich war natürlich viel zu neugierig und wollte unbedingt mitbekommen, was um mich herum geschah. Da ich aber nur im Ansatz verfolgen konnte, was Heike hinter mir tat, schloss ich dann doch die Augen und versuchte zu spüren, ob ich Energie wahrnahm. Darum hatte sie mich gebeten. Sie regelte und drehte an meinem Energie-Kanal und bat USUI und das Universum um Hilfe und Unterstützung. Ich spürte rein gar nichts. Keine Energie, kein Kribbeln und schon gar nicht das Gefühl, wieder zu fliegen. Das Erlebnis im

Wellnessbereich verblasste immer mehr und ich war wohl wieder endgültig auf dem Boden der Tatsachen angelangt.

Zu Hause hatte ich nach dieser Einweihung mit meiner Familie und vielen meiner Freundinnen allerdings Erfahrungen mit Reiki gemacht und war nun bereit, auch weitere Reiki-Grade zu absolvieren. Meine Zweifel über Reiki hatte ich längst überwunden. Heike kam jetzt häufiger zu mir in die Kosmetikbehandlungen und wir tauschten uns über meine Erfahrungen aus. Sie bot mir an, mich weiter auf meinem spirituellen Weg zu begleiten und mich in meiner Entwicklung zu unterstützen, indem ich an einem weiteren Kurs „Die Kontaktaufnahme mit Engeln" teilnehmen sollte. Das Engelseminar würde jedoch definitiv ohne mich stattfinden. Auf gar keinen Fall würde ich mich mit Engeln beschäftigen. Genauso wenig würde ich überall Engel-Figuren aus Porzellan aufstellen, Kissen mit Engelmotiven in mein Haus holen oder Räucher-stäbchen benutzen, bei denen ich immer das Gefühl hatte, der Luft zum Atmen beraubt zu werden.

Meine Erschöpfungszustände nach Kosmetikbehandlungen hatten sich nach dieser Reiki-Einweihung gelegt, und meine Erlebnisse mit Reiki sprachen durchaus für ein Weiterführen des Weges. Ich hätte es nie für möglich gehalten, dass das Auflegen der Hände solch wunderbare Wirkungen auf mich und meine „Empfänger" haben würde, und so beschloss ich, mich beim ersten von sieben Teilen eines Engelseminars bei Heike anzumelden.

Erwartungsvoll saß ich nun tatsächlich in einem Engelseminar.

Für jedes Energiezentrum meines Körpers sollte ein Treffen innerhalb dieser Gruppe stattfinden. Wir waren zu sechst. Alle redeten über Chakren, Energie, Aura, Kraft der Worte und Gedanken, Liebe, Engel, Erzengel und Schutzengel, beratende Engel und Heilengel. Wofür es nicht alles Engel auf dieser Erde gibt! Meine Toleranz wurde hier wirklich auf eine harte Probe gestellt und ich schleppte mich förmlich durch die Themen des ersten Tages.

Zu Beginn widmeten wir uns dem Wurzelchakra. Ich erfuhr, dass ich durch Meditation lernen könnte, dieses sogenannte Chakra in mir zu erspüren. Und so meditierte ich das erste Mal in meinem Leben mit meinen Chakren. Heike hatte ihr Manuskript, aus dem sie Meditationen vorlas, auf dem Schoß, und alle Damen saßen in entspannter, ruhiger Erwartung im Kreis. Für mich waren diese geführten Meditationen nicht stimmig und ich weiß, dass ich in keiner Sekunde in einen meditativen Zustand gelangte. In Gedanken war ich zu Hause und überlegte, wie ich dieser Gruppe entkommen könnte, ohne unhöflich zu erscheinen.

In einer Übung sollten wir alle gemeinsam unsere Augen schließen, entspannen und tatsächlich unsere Hände an unser Schambein legen und rotes Licht in diesen Bereich hinein atmen. Dieses sollte dem Energetisieren des

Wurzelchakras dienen, das sich am Steißbein befindet. Mein Interesse erlosch augenblicklich. Wo war ich hier bloß gelandet? Man stelle sich bitte vor: Sechs Damen sitzen im Kreis, halten sich am Schoß das sogenannte Wurzelchakra fest und atmen rotes Licht ein! Ich wusste nicht, ob ich lachen oder weinen sollte. Entspannen konnte ich in dieser Haltung mit diesem Blick auf die Frauen definitiv nicht. Ich schien allerdings die Einzige in diesem Raum zu sein, die diese Übung auch nur ansatzweise als ungewöhnlich empfand. Mein größtes Problem war allerdings schlicht und einfach: Ich spürte rein gar nichts. Ich konnte die Energie im Wurzelchakra nicht spüren, ich konnte die Engel nicht sehen und auch die Farben, die ich angeblich atmete, zeigten sich mir nicht. In mir schrie es ganz laut: „Nein, das kann ich nicht!“ Das ging wirklich über alles hinaus, wozu ich bereit war. Und das musste ich leider sofort kommunizieren. So unterbrach ich die Mediation, bevor sie überhaupt richtig begann. Da ich für diese Form der spirituellen Arbeit offenbar nicht geeignet war, wollte ich abbrechen. Und zwar jetzt! Ich musste unbedingt weg von hier. Doch die versammelten Damen baten mich von ganzem Herzen, diesen wichtigen Tag nicht abzubrechen: „Bitte, lass dich darauf ein! Lass los und lass Entwicklung geschehen!“, hieß es aus dem Kreis. Okay, dachte ich mir. Nur heute. Nur das Wurzelchakra. Es steht für Erdung und Bodenständigkeit, wie ich erfuhr. Wenn ich eines war, dann bodenständig genug, um mich im nächsten Monat nicht auf das Sakralchakra einzulassen und orangenes Licht in meinen Bauch zu atmen.

Man überredete mich, trotzdem weiterhin Monat für Monat, diese Engelkurse zu besuchen. Und ich hielt durch. Ich war bereit, das zweite Chakra zu aktivieren und einen neuen Engel in mein Leben einzuladen. Ich besuchte auch das Sakralchakra-Seminar und arbeitete mich bis zum Kronenchakra hinauf. Ich konnte langsam mitreden. Sieben Chakren, sieben Monate. Jetzt hatte ich glücklicherweise alles gelernt, was Spiritualität zu bieten hatte. Davon war ich vollkommen überzeugt und fühlte mich nun auch von dieser Arbeit erfüllt. Ich konnte nach wie vor die Engel nicht sehen oder hören, doch es wurde ruhiger in mir. Ich war noch mehr bei mir angekommen. In den weiteren Sitzungen spürte ich eine wundervolle, neue Energie um mich herum und wollte all dies gerne mit meinen Freundinnen teilen, die darauf brannten, mehr über die Existenz von Engelwesen in unserer Welt zu erfahren und zu erspüren.

Nach einer Kosmetikbehandlung bekam jede Dame auf Wunsch eine kleine Reiki-Übertragung, weil ich ja wusste, wie hilfreich diese sein konnte. Ebenso bat ich mittlerweile sogar die Engelwelt darum, mich zu unterstützen. Bei jedem Chakra, mit dem ich arbeitete, durften Engel anwesend sein und die wunderschöne Energie verstärken und lenken.

Ich konnte feststellen, dass ich neuerdings Energie auf verschiedenen Ebenen spürte und unterschiedlich wahrnahm. Es war ein langsamer aber überaus beeindruckender Prozess, diese Veränderung zu realisieren. In manchen Momenten wurden einige meiner Körperteile wärmer als andere oder es kribbelte in meinen Händen. Unterschiedliche Energiepräsenzen gaben Aufschluss über physische Problemfelder oder Konflikte bestimmter Lebensthemen meiner Kunden. Ich war in der Lage, Blockaden zu erspüren und teilweise durch Energiearbeit zu lösen. Es war erstaunlich, den Menschen durch das Filtern verschiedener Energieströme und den Austausch darüber weiterhelfen zu können und mit einem neuen Körpergefühl und neuen Erkenntnissen nach Hause zu entlassen.

Ich spürte Energie in diverser Intensität aus meinen Händen fließen und begann zu verstehen, warum das eine oder andere Chakra nicht so funktionierte wie es sollte. Durch die Bestätigung meiner Wahrnehmungen durch die Kunden traute ich mich mehr und mehr darüber zu sprechen, was ich empfing und empfand. Vor allem, wenn ich das Gefühl hatte, dass die Personen für meine Ausführungen offen waren. Der Empfänger der Reiki-Energie fühlte sich gut und Reiki half sehr häufig, Schmerzen zu lindern und Emotionen zu beruhigen. Das sind konkrete Erfahrungen, die ich immer wieder mit den Menschen teilen durfte, die sich mir anvertrauten.

Ich möchte von meinem ersten Erlebnis berichten, das mir den Beweis erbrachte, dass meine Wahrnehmungen „real" waren. Seit einiger Zeit besuchte mich regelmäßig ein sehr nettes, junges Ehepaar. Beide waren an meiner spirituellen Arbeit sehr interessiert und ich war durchaus bereit, mich mitzuteilen und meine Erfahrungen an dieses Paar weiterzugeben.

Während einer Einzelbehandlung mit dem Mann konnte ich eine Disharmonie im Wurzel- und Sakralchakra sowie im Herzchakra aufspüren und ich versuchte ihm vorsichtig zu vermitteln, was ich wahrgenommen hatte. Ich hatte das Gefühl, dass seine Sexualität und sein Herz nicht im Einklang seien und er im Widerstand mit etwas zu sein schien, das hiermit zusammenhing. Damals konnte ich diese Disharmonie weder in irgendeinen Zusammenhang bringen noch ließ es mich Schlüsse auf seine Lebenssituation und mögliche Probleme ziehen. Ich wollte lediglich mitteilen, was ich spürte. Er widersprach meiner Aussage massiv. Da ich niemanden von irgendetwas überzeugen und natürlich auch keinen Streit vom Zaun brechen wollte, sagte ich lediglich, dass er diese Unstimmigkeit im Auge behalten sollte. Ich konnte keine Zusammenhänge erkennen. Einen Monat später kam seine Ehefrau zu einer Kosmetikbehandlung in mein Studio. Sie sah sehr mitgenommen aus und berichtete mir, dass ihr Mann ein Verhältnis mit einer anderen Frau hätte und sie bereits von ihm verlassen worden sei.

Zum ersten Mal verstand ich die Zusammenhänge der Chakren mit unserer Seele und unserem Körper! Ich war wirklich sehr dankbar über diese Erfahrung und den Austausch darüber.

Veränderte Wahrnehmungen

Im Laufe meiner Jahre als Kosmetikerin, in denen ich auch Reiki praktizierte, machte ich jede Menge unterschiedliche Erfahrungen. Einige davon beeindruckten mich wirklich sehr. Die größte Herausforderung während einer Energie-Übertragung war es anfangs für mich, während einer relativ langen Zeit in einem meditativen Zustand zu verweilen. Eine Sitzung sollte in der Regel 35 bis 45 Minuten dauern. Ich versuchte das Denken auszuschalten und mich immer wieder auf das Ziel zu konzentrieren, mich mit dem Empfänger und der entsprechenden Energie zu verbinden. Anfangs war es wirklich sehr schwer und nicht selten nickte ich doch kurz weg, was mir schrecklich peinlich war. Ich probierte es, im Stehen zu behandeln, wie es die Dame im Wellnessstudio seinerzeit tat und wie ich es während der Ausbildung gelernt hatte. Doch meistens hatte ich den Impuls sitzen zu wollen, weil ich häufig das Gleichgewicht verlor, wenn ich immer wieder sehr tief in die Entspannung eintauchte. Es war ein Auf und Ab und ich arbeitete sozusagen gegen meine innere Natur.

Der Rücken machte sich nicht nur in der Muskulatur und in der Wirbelsäule bemerkbar, sondern auch in tieferen Ebenen meiner selbst: Hier baute sich minütlich Druck auf. Ich möchte versuchen, es so zu beschreiben: Während der Energiearbeit fühlte ich mich zwischendurch wie ein Dampfkessel, der Druck ablassen musste. Es baute sich eine Kraft in der Wirbelsäule auf, die aus dem Nacken entweichen wollte. Ich musste, um dieses Gefühl loslassen zu können und diesem Druck nachzugeben, immer wieder meinen Kopf bewegen, was ein unglaublich lautes Knacken im Halswirbelbereich verursachte. Die Intensität dieses Phänomens variierte sehr. Manchmal fühlte es sich an, als würde sich mein Halswirbel öffnen, um diese überschüssige Energie entweichen zu lassen. Ich war mir sicher, dass dieses Symptom mit der Energie des Empfängers zusammenhing. Es gab Menschen, die lösten eine regelrechte Welle von Energiestößen in meiner Wirbelsäule aus. Bei anderen war es dagegen relativ ruhig. Mein Rücken würde das nicht auf Dauer aushalten. Auch wenn es nicht schmerzte wie eine Verletzung, war es doch körperlich zu spüren, dass mein Körper „an etwas arbeitete". Bis heute konnte mir niemand erklären, warum diese Arbeit damals solche spürbaren und sogar hörbaren Auswirkungen auf meinen Körper hatte. Ich musste diese besondere Empfindung in der spirituellen Arbeit immer wieder erfahren und vor allen Dingen annehmen, dass sie für eine gewisse Zeit zu mir gehörte.

Eine schöne Erfahrung aus meiner Zeit der Energiebehandlungen hatte ich mit einer Kundin etwa meines Alters. Gleich zu Beginn unserer Treffen machte sie viele außergewöhnliche, spirituelle Erfahrungen, die mir vollkommen fremd waren und die ich selbst bislang nie erlebt hatte. Sie sah Bilder, bekam Eingebungen und starke Energieschübe. Ich schien eindeutig der Auslöser für ihre Entwicklung zu sein. Sie suchte mittlerweile verschiedene spirituelle Menschen auf, um noch mehr Input zu bekommen, denn meine Kenntnisse beschränkten sich auf Reiki und Engelenergie. Aber wie ich langsam lernen durfte, gab es weit mehr zu entdecken. Deshalb erstaunte es mich sehr zu erfahren, dass sie die Entwicklung ihrer Hellsinne nur bei mir so ausgeprägt erfuhr.

Sie litt unter einer chronischen Lungenentzündung. Eine schwere Entzündung folgte der nächsten. Dies war ursprünglich ihr Grund, mich als Energiekanal aufzusuchen. Wir verabredeten uns in regelmäßigen Abständen, um mit Reiki-Energie zu arbeiten. Daraufhin verschwand die chronische Lungenentzündung sehr schnell und ihre spirituelle Entwicklung nahm rasant Fahrt auf.

Sie erzählte mir eines Tages von einer bevorstehenden Operation wegen einer Wucherung in ihrem Unterleib, woraufhin wir gezielt für diesen Bereich miteinander arbeiteten. Natürlich war ich genauso gespannt wie sie, was die nächsten Untersuchungen ergeben würden. Die Wucherung war tatsächlich verschwunden und wir beide waren genauso erstaunt wie die Ärzte. Das können natürlich besonders glücklich verlaufende Fälle gewesen sein. Vielleicht auch nur Zufälle. Ich freute mich jedenfalls sehr darüber, allerdings ohne dabei meiner Arbeit zu viel Bedeutung beizumessen. Im Laufe der Zeit zeigten sich solch erfreuliche Verbesserungen von Gesundheitszuständen immer häufiger. Für mich waren diese positiven Entwicklungen kleine Beweise, dass meine Arbeit Wundervolles bewirken konnte. Das stärkte meinen Glauben an das, was sich tat, auch wenn nicht immer alles so eintraf, wie ich es erwartete.

Einmal suchte mich eine schwangere Frau auf. Die letzte Vorsorgeuntersuchung der Frau hatte gezeigt, dass das ungeborene Kind unterversorgt war. Es war nicht auszuschließen, dass sie das Kind verlieren könnte. Sie bat mich inständig um eine Behandlung. Sie ließ sich auf meinen Wunsch sogar von ihrem Mann begleiten, der ihre Bitte bestätigen sollte. Was wäre, wenn diese Frau nach einer Reiki-Behandlung ihr Kind verlieren würde? Würde sie mich dafür zur Rechenschaft ziehen? Natürlich machte ich mir in dieser Situation über derartige Risiken berechtigte Gedanken. Ich war davon überzeugt, dass Reiki keine Fehlgeburt auslösen konnte. Trotzdem konnte ich nicht davon ausgehen, dass beide es genauso sehen würden, sollte dieser Fall eintreten. Wir verabredeten uns dennoch für vier aufeinanderfolgende Termine. Es wurden vier ruhige, wunderbare Behandlungen und bei der nächsten Vorsorgeuntersuchung bestätigte sich, dass es den Zustand der Unterversorgung des Fötus nicht mehr gab. Meine ganze Energiearbeit entwickelte sich langsam in eine völlig neue Richtung. Die Energie verstärkte sich und erste spirituelle Herausforderungen traten in mein Leben.

Was bewirkt Energie?

Ich möchte anhand eines sehr traurigen Beispiels zeigen, wie Energie sich mir am Anfang meiner Entwicklung gezeigt hat. Es war an einem Samstagnachmittag. Ich war gerade mit meinem Sohn Rafael und meinem Mann Henry in Hamburg unterwegs, als meine Freundin Nadine mich auf dem Handy erreichte. Nadine war kurzzeitig Rafaels Grundschullehrerin und aus diesem Kontakt entwickelte sich eine bis heute tiefe und vertrauensvolle Freundschaft.

Am Telefon wirkte sie hektisch und vollkommen verstört. Sie erzählte mir, dass ihre Schwester und deren Tochter gerade einen schweren Verkehrsunfall mit einem LKW auf der Autobahn gehabt hatten. Ihre Schwester Karin war alleinerziehende Mutter der kleinen Alice, die damals acht Jahre alt war. Alice hatte den Verkehrsunfall mit schwersten Verletzungen überlebt und war gerade mit dem Hubschrauber in die Klinik eingeliefert worden. Karin kam bei diesem Unfall ums Leben und verstarb noch an der Unfallstelle. Ich war sprachlos und hilflos. Mir fielen keine tröstenden Worte ein. Es gibt keine Worte, die in diesem Moment Trost spenden. Nur Taten. Nadine bat mich, so schnell wie möglich auf die Intensivstation der Eppendorfer Universitätsklinik in Hamburg zu kommen, um ihrer Nichte Reiki-Energie zu geben. Ich machte mich sofort auf den Weg in die Klinik.

Es war ein schrecklicher Anblick: Ein kleines Mädchen, mit schwersten Schädelverletzungen, vielen Knochenbrüchen und schlimmen inneren Verletzungen rang um ihr Leben. Ellen, die Mutter meiner Freundin und Oma von Alice, bat Gott, aber vor allem immer wieder auch mich, ihr nicht auch noch dieses Kind zu nehmen. Ich fühlte mich fast in eine Rolle gedrängt, in der ich die Verantwortung für alles zu übernehmen schien, was nun mit dem kleinen Mädchen passieren würde. Wie schwer waren doch diese Kopfverletzungen! Die halbe Schädeldecke war bereits entfernt worden, damit die Schwellung sich ausdehnen konnte und nicht auf das Gehirn drückte. Das ganze Leben dieser Familie war von diesem Tag an aus den Angeln gehoben und alle legten so viel Hoffnung in meine Hilfe.

Ich bekam die Erlaubnis, Tag und Nacht die Intensivstation besuchen zu dürfen, um Alice bestmöglich zu unterstützen und um jederzeit bei ihr sein zu können – und um ihr Energie zu geben, wenn es meine Zeit erlaubte. Ellen und Nadine schien der Gedanke, dass ich mich der Kleinen annahm, eine unglaublich große Stütze zu sein. Ich nahm mir in den nächsten Wochen viel Zeit, um an dem Bett von Alice zu sitzen, ihre Hand zu halten und ihr meine Liebe und Unterstützung zu geben. Ich bat die Engel, Geistwesen, Gott und alles, was über mir zu schweben schien, mich hier zu unterstützen. Ich bat einfach tagtäglich um Hilfe von oben. Ich wollte für sie da sein und ich wusste, dass ich damit wenigstens meiner Freundin und ihrer Mutter einen großen Dienst erwies. Es war unausweichlich, dass eine Reihe von Operationen, langen Klinik- und Kuraufenthalten die nächsten Jahre ihres Lebens prägen würden, aber der Verlauf und die Stabilisierung des sehr kritischen Zustandes nahm eine große positive Entwicklung. Allen schlimmsten Prophezeiungen zum Trotz, ging es stetig bergauf. Es war den Ärzten ein Rätsel, woher dieses so geschwächte kleine Wesen seine Kraft nahm.

Als Alice noch auf der Intensivstation lag, legte ich meine Hände auf ihre Beine. Es war der Moment an dem ihre Mutter beerdigt wurde und man hatte mich gebeten, während dieser Zeit bei Alice zu bleiben. Während ich meine Hände auf ihren Körper legte, konnte man sehen, wie Apparate, an die sie angeschlossen war, sich veränderten. Ich konnte es gut überprüfen, indem ich die Hände auflegte und wieder losließ. Es war beeindruckend, wie sich die Berührung meiner Hände direkt auf die Apparate auswirkte. Für mich war es in diesem Moment ein kleines Wunder, obwohl es vielleicht ja gar keines war.

Ich erlaubte mir ein Experiment. Ich setze mich etwa drei Meter von Alice entfernt in die Zimmerecke und sandte meine Energie über meine Gedanken aus. Ich versuchte es zumindest. Ich übte mich an Fernbehandlung, die ich zwar gelernt hatte, aber für die ich noch nie einen Beweis erbringen konnte. Ich fokussierte Alice, die vor mir in ihrem Bett lag, schloss die Augen und hoffte, Energie auszusenden, so, wie ich es gelernt hatte. Und da passierte es wieder. Die Apparate, an die Alice angeschlossen war, schlugen wieder aus. Ich war erschrocken und hörte sofort damit auf. Ich wollte so etwas nie wieder ausprobieren. Die anfängliche Angst über diese Erfahrung legte sich schnell und ich vertraute nun auf die Fern-Energie-Übertragung. Für mich war es wieder einmal ein wichtiger Beweis, dass wir auch über Distanzen hinweg unsere Energien senden und etwas bewirken können.

Als Alice nach einigen Tagen aus dem Koma erwachte, ging es ihr viel besser, als die Ärzte es prognostiziert hatten, und einige Wochen später konnte sie in einem Reha-Zentrum weiter gefördert werden. Heute besucht Alice eine Schule für geistig behinderte Kinder und lebt bei ihrer Oma. Sie hat wunderbare Fortschritte gemacht, kann reden, laufen und an allen Aktivitäten teilnehmen.

Ich habe Alice und ihre Oma einige Male in der Reha-Klinik besucht und auch hier meine Energieübertragungen fortgesetzt. Beide fühlten sich nach diesen Sitzungen gestärkt und erfüllt.

Die Energie verändert sich

Die Kraft des Reiki erlebe ich als einen wunderbar sanften Energiefluss. Ich lasse mich gerne von dieser Energie in ein tiefes Gefühl des Losgelöstseins treiben und genieße die Wärme und Fülle, die sie im Körper auslöst. Mittlerweile spüre ich immer häufiger diese Energie in den verschiedensten Bereichen des Körpers arbeiten. Viele Zweifel an der Energiearbeit habe ich längst losgelassen.

Ich hatte bereits kurz von Behandlungen mit einer Kundin berichtet, die hohe spirituelle Erfahrungen während einer Sitzung machte. Ich nenne sie hier Bärbel. Die Behandlungen veränderten sich stetig. Meine Wahrnehmungen schärften sich und auch eine Erhöhung der Energie, die durch mich floss, war für mich ebenso wie für den Empfänger spürbar. Eines jedoch verunsicherte mich: Es stieg immer wieder dieser energetische Dampf in meiner Wirbelsäule auf, von dem ich bereits berichtete. Dieses Phänomen verstärkte sich. Es kam nun hinzu, dass ich insbesondere bei Behandlungen mit Bärbel spürte, wie die Energie, die durch meine Arme floss, so stark war, dass ich das Gefühl hatte, meine Arme würden verbrennen. Es wurde heißer und heißer in meinen Armen. Diese ‚Verbrennungen' waren häufig über mehrere Tage hinweg zu spüren. Meine Haut war gereizt wie nach einem Sonnenbrand. Diese Verbrennungen traten nun immer häufiger auf. Diese neuen Erfahrungen veranlassten mich, noch weiter in die Materie vorzudringen, um zu verstehen, warum das alles geschah. Ich suchte nach Antworten.

Und so saß ich im nächsten Seminar über eine besondere Energiearbeit an der Wirbelsäule. Die Wirbelsäule sollte mit einer besonderen Methode neu ausgerichtet werden, um Schiefstellungen zu beheben und energetische Blockaden zu lösen. Ich war extrem neugierig auf all diese Techniken und auch die theoretischen Ausführungen der Lehrer. Ich hob mich keineswegs von den anderen Kursteilnehmern ab, mit denen ich dort saß. Diese Seminare erhöhten meine Sensibilität und bereicherten mein Wissen über Energiearbeit. Dennoch blieben viele Fragen unbeantwortet. Zum Beispiel die Frage über diese Energie, die durch meine Wirbelsäule aufstieg oder die Verbrennungen auf meinen Armen. Wenn ich Fragen zu meinen Wahrnehmungen äußerte, wurde ich stets mit großen, ungläubigen Augen beäugt. Ein letztes, tatsächlich sehr beeindruckendes Seminarwochenende war zu Ende und ich befand mich auf dem Weg nach Hause. Vom Seminarort südlich des Elbtunnels musste ich nun in Richtung Norden, nach Quickborn, fahren. Während ich mich dem Elbtunnel näherte, spürte ich erst ein leichtes Brennen an meinem Kronenchakra. Genau am obersten Punkt des Schädels fing es plötzlich an. Im Tunnel steigerte sich die Hitze so sehr, dass ich hektisch auf meinen Kopf schlug, als wollte ich Flammen löschen. Es wurde auf meinem Kopf heißer und heißer. Ich musste mich auf die

Fahrt im engen Elbtunnel konzentrieren und gleichzeitig klopfte ich wild auf meinem Kopf herum. Mir stiegen die Tränen in die Augen und ich rief Regina, die Schulungsleiterin, von meinem Handy aus an, als ich den Elbtunnel verlassen hatte. Ich bat sie inständig um Hilfe und vor allem um eine Erklärung. Sie versicherte mir, dass dieses Gefühl etwas mit mir und meiner Energie zu tun haben musste. Bisher hatte keine Teilnehmerin je von derartigen Auswirkungen berichtet. Da sich dieses Brennen nach einigen Minuten legte, beruhigte ich mich. Ich wollte dem Gefühl keine weitere Aufmerksamkeit schenken und verstand es als einen weiteren Beweis, auf einem hohen spirituellen Weg zu sein, der seine Wirkung auf diese Weise zeigte. Ich wusste mittlerweile, dass es MEINE Sprache mit der Energie war und ich nahm sie durchaus dankbar an.

Meine Wahrnehmungen wurden tiefer und manchmal auch verwirrender und meine Kundinnen berichteten mir ebenfalls von immer intensiveren Erfahrungen und Empfindungen, während sie sich unter meinen Händen entspann-ten. Ich war sehr viel achtsamer und vorsichtiger geworden, weil ich um die immense Kraft der Energie wusste und sie noch gezielter einzusetzen versuchte. Ich schaute genauer auf meinen Körper und ich beobachtete intensiv die Erfahrungen und Empfindungen, die mir meine Kundinnen entgegenbrachten, damit sie sanft in die Energieerhöhung gleiten konnten.

In Amerika

In meiner Jugendzeit wünschten sich viele meiner Mitschüler einen Onkel und eine Tante in Amerika. Ich hatte sie. Und darüber hinaus durfte ich sie auch noch jederzeit besuchen. Mit 14 Jahren nahm ich die Einladung endlich an und damit begannen meine alljährlichen Reisen in die Vereinigten Staaten. Onkel Phil war Schwarzamerikaner und lernte meine Tante Regina, die Schwester meiner Mutter, während seiner Armeezeit in Frankfurt kennen. Mit Anfang 20 waren sie zu zusammen in seine Heimat nach St. Louis gezogen und hatten zusammen zwei Jungen großgezogen.

Auf diese wundervollen Sommerferien in Amerika blicke ich noch heute voller Freude und Dankbarkeit zurück. Selbst als Rafael geboren wurde, ließ diese Reiselust nicht nach, und so flog ich mit meinem Sohn, der mittlerweile drei Jahre alt war, wieder zu meiner geliebten Familie nach Amerika.

Eines späten Abends kamen wir völlig erschlagen von einer ausgiebigen Shopping-Tour aus einer der großen Outlet-Malls zurück. Erschöpft von den weiten Wegen und der Hitze, suchten alle nur noch ihr Bett. Ich genoss die Ruhe im Haus, ging in die Küche und blickte verträumt in den Garten. Vor mir stand der runde Esstisch, an dem wir jeden Morgen frühstückten ... Und da spürte ich ihn. Zum ersten Mal spürte ich den Geist eines

Verstorbenen ganz klar. Mein inneres Auge zeigte mir, dass mir ein dunkelhäutiger Mann in einem karierten Hemd und einer dunklen Hose gegenübersaß. Ich spürte ihn auf einem der Stühle vor mir sitzen. Ich nahm seine Präsenz ganz deutlich wahr. Er sprach mit mir und blickte mich dabei an: „Ich kann dich sehen und weiß, dass du mich sehen kannst." Außerdem ließ er mich wissen, dass ich jeden Morgen auf seinem Stuhl sitzen würde. Sonst nichts. Das war´s. Ich war zu Tode erschrocken. Noch nie zuvor hatte ich so etwas so intensiv, aus heiterem Himmel wahrgenommen. Ich war wie benommen und völlig starr vor Angst. Es dauerte einige Minuten, bis ich mich aus meiner Schockstarre löste und dann hastig hinauf in mein Zimmer ging. Ich suchte die Nähe meines Sohnes. Ich schlüpfte zu ihm ins Bett und klammerte mich fest an seine Seite – die ganze Nacht.

Am nächsten Tag wachte ich mit einem ganz anderen Gefühl auf. Ich war ganz ruhig und wusste nicht, ob ich irgendjemandem von dieser Begegnung erzählen sollte. Hatte ich mir das vielleicht nur eingebildet? War ich so erschöpft gewesen, dass ich halluziniert hatte? Ich war einerseits überzeugt davon, diese Wahrnehmung gemacht zu haben, aber andererseits ungläubig, ob es solche Vorkommnisse tatsächlich geben könne. Wir haben niemals über solche Dinge gesprochen und ich hatte auch keine Ahnung, ob meine Tante bereit war, sich SO ETWAS anzuhören bzw. ich mich traute, SO ETWAS auszusprechen. Ich entschied mich dafür, sie vorerst ganz beiläufig zu fragen, ob es jemanden gab, der häufig auf diesem Platz gesessen hatte. Sie schaute mich ziemlich verwundert an und erzählte mir von Phils Cousin, der beinahe täglich auf diesem Platz seinen Kaffee getrunken hatte. Er wohnte nur zwei Häuser weiter und war vor einem halben Jahr an Krebs verstorben. Das musste ich erst einmal sacken lassen. Ich saß also jeden Morgen auf dem Stuhl eines verstorbenen, entfernten Verwandten, der mich gestern Abend aufsuchte, um mir zu sagen, dass das einmal sein Stuhl war ...

Ich erzählte Tante Regina dann doch von diesem Erlebnis. Erstaunlicherweise reagierte sie positiv überrascht und zeigte mir ein Buch über Nahtoderfahrungen, das sie fasziniert hatte. Darüber hinaus erzählte sie mir, sie habe sich so sehr gewünscht, dass Phils Cousin sich ihr einmal zeigen würde und sie wissen lasse, dass es ihn irgendwo noch gab. Wir nahmen uns in die Arme und sie dankte mir von Herzen für den Beweis, dass er immer noch an ihrer Seite war, denn er hatte sich liebevoll um ihre Kinder gekümmert. Sie wünschte sich so sehr, dass ihre Worte, die sie täglich zu ihm sprach, bei ihm ankommen mögen. Meist machen wir uns erst nach dem Verlust eines geliebten Menschen Gedanken über „Ein Leben nach dem Leben" und fragen uns, wie es ihnen wohl gehen mag. Aber auch der Verstorbene möchte wissen, ob es uns gut geht, möchte uns helfen, die Trauer und den Schmerz zu überwinden. Wenn wir uns nun vertrauensvoll und ohne Angst dieser Verbindung öffnen, kann ein Kontakt mit einem Verstorben unermesslich wertvoll und herzberührend sein. Jedes Wort wird von dem Verstorbenen gehört, jede Träne wird gesehen – und er möchte trösten und dich unbedingt wissen lassen, dass er an deiner Seite ist. Jedes Gebet, jedes Gespräch, das du mit ihm führst, kommt ganz sicher an und stärkt eure Verbindung auch über den Tod hinaus.

Die Pfütze und das Gas

Ich war erneut mit Rafael bei meiner Tante in St. Louis, als ich wieder „Besuch“ bekam. Genau wie beim letzten Mal war der verstorbene Cousin urplötzlich da, ich nahm ihn intensiv wahr und konnte ihn ganz klar vor mir am Tisch sitzen sehen. Es war verrückt! Und dass es das genau NICHT war, sondern ECHT, bat ich ihn, mir unbedingt zu beweisen.

Ich sprach ihn an und bat ihn darum, mir zu zeigen, dass er tatsächlich existierte. In diesem Moment entstand in meinem Kopf ein Bild eines alten Fotoalbums. Ich sah ein kleines Mädchen auf einem Foto. Es hatte kinnlanges dunkles Haar und sah unglaublich glücklich aus. Das Bild zeigte das Mädchen, wie es voller Freude in einer Pfütze spielte und seine flachen Hände aufs Wasser klatschen ließ. Es war überall mit Schlamm bekleckert. Die Spritzer im Gesicht sahen aus wie große Sommersprossen. Das ganze Bild strahlte eine unglaubliche Heiterkeit aus. Er erzählte mir, dass das kleine Mädchen Regina, also meine Tante, gewesen sei. Eine gewisse Ähnlichkeit war auf jeden Fall vorhanden, doch es hätte auch jedes andere Kind sein können. Schließlich wusste ich nicht, wie Regina als kleines Mädchen ausgesehen hatte ... Und da fiel es mir wie Schuppen von den Augen! Genau das war der Beweis, den ich brauchte, um zu glauben.

Am nächsten Morgen erzählte ich Regina davon. Sie war völlig perplex. Sie berichtete mir, wie sie als Mädchen gerne in Pfützen gespielt hatte und ihre Mutter bei einer dieser Gelegenheiten das Foto von ihr aufnahm, das ich am Abend zuvor gesehen hatte.

Was wollte ich also mehr? Ich war weder verrückt noch halluzinierte ich. Ich konnte lediglich Geister sehen und hören – und mit ihnen reden. Ich war für dieses Erlebnis so unendlich dankbar. Seitdem habe ich mehr Vertrauen in mich selbst, in meine Arbeit und in Verbindungen, die auf seltsame Weise in mein Leben treten.

Phils Cousin besuchte mich noch ein drittes Mal. Dieser Besuch war jedoch etwas anders. Ich konnte ihn zwar genauso klar und deutlich erkennen, doch seine Worte verloren sich wie die Sicht in einer dichten Nebelwand. Ich konnte ihn nicht hören. Trotzdem konnte ich ihn verstehen. Mir war, als hätten wir uns auf seltsame Weise verbunden und ich würde Zugang zu einem Teil seiner Gedanken erhalten. Es war eher eine Art Botschaft, die er mir beharrlich zu übermitteln versuchte. Es war ihm sehr wichtig, dass ich ihm „zuhörte“, ihn verstand. Vor meinem „inneren Auge“ erschien eine kleine, blaue Flamme. Ich weiß nicht, wie ich es anders beschreiben soll. Es war wie in einem Traum. Man sieht Bilder, die sich wie in einem Film aneinanderreihen. Und ich sah dieses Flämmchen umgeben von Dunkelheit. Schlagartig war mir klar, dass er mich auf unseren Kamin aufmerksam machen wollte. Im

Zentrum des Hauses meiner Tante und meines Onkels befindet sich ein riesiger Kamin, in dem dauerhaft eine sehr kleine Gasflamme brennt. Doch was hatte es mit dieser Botschaft auf sich? Gleich darauf erzählte ich Regina von meiner Begegnung. Sie schaute mich an und meinte, dass die Gasflamme im Kamin bereits eine Weile unruhig flackerte und sie deshalb schon längst einen Service-Techniker vorbeikommen lassen wollte. Sie wartete nicht mehr lange und griff zum Telefon. Noch am selben Tag kam ein Techniker vorbei. Nachdem er sich den Kamin genau angeschaut hatte, stellte er fest, dass gefährlich viel Gas ins Haus strömte. Im Gegensatz zu den Sicherheitsbestimmungen in Deutschland ist das Gas in Amerika geruchslos, sodass niemand etwas bemerkt hatte. Meine Tante war bestürzt, aber gleichzeitig auch unendlich dankbar, dass mein Kontakt zu dem Verstorbenen sie vor einem großen Unglück bewahrt hatte.

Ich entdecke YOGA

Irgendwie war mir danach, etwas Neues ausprobieren. Yoga stand nun auf dem Programm. Nachdem ich nach der Geburt unseres Sohnes etwas ‚unförmig' geworden war, schaute ich mich im Yogaraum meines Fitness-Studios unter den Anwesenden um und hatte das Gefühl, goldrichtig zu sein. Hier sah ich die ersehnten schlanken und gedehnten Waden, die ich früher ebenfalls hatte. Yoga war schon damals in aller Munde und endlich sollte auch meine erste Stunde beginnen. Da ich ja generell für alles offen war – zumindest glaubte ich das – nahm ich mir wie alle anderen eine Matte, ein Yogakissen, eine Decke und einen Klotz, um meinen Yogaplatz einzurichten. Nachdem ich alle Utensilien zusammengesammelt hatte, setzte ich mich wie alle anderen aufrecht auf das Kissen und kreuzte meine Beine, soweit es mir möglich war. Beim Versuch, auf diesem kleinen Kissen zu sitzen, taten mir alle Gliedmaßen weh. Mein Becken zog sich zusammen, es zog an meiner Oberschenkel- und Gesäßmuskulatur und auch mein Rücken machte irgendwie einen krummeren Eindruck als bei allen anderen. Aber dieser Aufgabe wollte ich mich stellen und gab mein Bestes, mit einem Lächeln auf dem Kissen sitzen zu bleiben, ohne ständig hin und her zu rutschen. Innerlich zog es an allen Strängen. Ich wollte um jeden Preis eine gute Figur machen. Wenn ich mich so im Raum umsah, war ich guter Dinge, dass es sich lohnen würde, durchzuhalten. Alle Anwesenden hatten schöne Körper und eine angenehme Ausstrahlung.

Der Yogalehrer legte seine Hände in Gebetshaltung vor die Brust und ließ ein kräftiges „OM" ertönen. Alle stimmten mit ein. Und nochmal OM und nochmal OM ... Da waren sie wieder! Die Gebetshaltung und meine Vorurteile. Innerlich schrie ich auf und wollte eigentlich sofort gehen. Ich war wieder einmal an meiner Toleranzgrenze angelangt. Als er nun auch noch anfing, ein Lied zu singen, das sich Mantra nannte und ihm alle Anwesenden lauthals folgten, konnte ich wieder einmal nicht an mich halten und prustete laut los. Es platzte wie eine explodierende Bombe aus mir heraus. Ich wurde rot und war wieder einmal peinlich berührt, dass ich meiner Abneigung derartiger Riten gegenüber nicht Herr werden konnte. Am liebsten wäre ich auf der Stelle im Erdboden versunken, als mich die strafenden Blicke der wohl-geformten Yogis trafen. Wieso machten diese Leute all diese Dinge mit? Es folgten Atemübungen, denen ich ebenfalls nicht folgen konnte. Ich rang nach Luft, als wir den Atem anhalten sollten und ich atmete aus, als wir einatmen sollten. Es wurde OM getönt und Lieder in einer Sprache (Sanskrit) gesungen, die ich nicht verstand. All dies ergab wieder einmal keinen Sinn für mich. Doch nach einer Reihe von schnell aufeinander folgenden Übungs-reihen, waren das OM und das Mantra schnell vergessen. Ich gab mir alle erdenkliche Mühe durchzuhalten. Die Übungen waren für meine völlig verkürzten Muskeln der absolute Alptraum.

Dennoch: Nach meiner ersten Yoga-Stunde fühlte ich mich unglaublich gut. Ich hatte das Gefühl, meinen ‚Sport' gefunden zu haben. Yoga war ab sofort meine Leidenschaft. Es war Liebe auf den ersten Blick, trotz dieser kleinen Startschwierigkeit. Jeden Mittwochvormittag besuchte ich von nun an einen Yogakurs bei einer sehr attraktiven Frau, Anfang 40. Wie sehr habe ich diese Frau bewundert, die mit ihrer wunderbaren Ausstrahlung die Gruppe durch die Übungen führte! Ich starrte sie regelrecht an und war von ihrem Selbstbewusstsein und ihrer offenen Art vollkommen fasziniert. Ich kaufte mir etliche Yogabücher und versuchte tiefer in die Materie einzutauchen. Ich stellte jedoch schnell fest, dass ich rein gar nichts von dem verstand, was in den Büchern zu lesen war. Es ging um Shiva und Shakti, um Krishna und Göttinnen, Mantren, Gebete, Gebetsketten und Räucherstäbchen. Ich wollte ursprünglich Yoga als Sport betrachten und hatte es nicht als eine tiefere Philosophie erkannt. Schön, schlank und gedehnt wollte ich sein. Aber ich wollte keine Götter anbeten. Noch nicht. Mittlerweile war Yoga zu einer wichtigen Praxis in meinem Leben geworden.

Zwei Jahre lang besuchte ich jeden Mittwoch diesen Kurs, machte auch täglich zuhause meine Asanas und fühlte mich in meinem Körper immer wohler.

Eines Tages verteilte unsere Lehrerin Informationsbroschüren für eine bevorstehende Yogareise nach Andalusien, die sie organisierte. Zusammen mit meinem Mann Henry, der mich ab und an zum Yoga begleitet hatte, meldete ich uns sofort an. Diese Reise würde etwas Besonderes werden, das spürte ich. Während dieser Yogareise nach Süd-Spanien entfachte meine Liebe zum Yoga vollends und ich wünschte mir, Yogalehrerin zu werden. Mit Reiki, Engelarbeit und Yoga hatte ich sehr viel Kraft und etwas mehr Selbstbewusstsein gewonnen. Ich wünschte mir die gleiche Ausdruckskraft wie meine Lehrerin (oder wenigstens ein bisschen davon) und war davon überzeugt, das als Yogalehrerin zu erlangen.

Ich studierte das Internet und entschied mich für die Schule, die auch meine Lehrerin besucht hatte. Ich hatte das Logo auf einer ihrer Yogataschen entdeckt und meine Entscheidung war gefällt. Bei all meinen Unternehmungen hatte ich stets die volle Unterstützung meiner Familie. Mein Mann ließ mir alle Freiheiten, mich entfalten zu können und mir meine Wünsche zu erfüllen. Gespannt wartete ich auf den Beginn der Yogalehrerausbildung. Dies war der zweite wichtige Schritt auf meinem Weg zu mir selbst und zum spirituellen Medium.

Die Yogalehrerausbildung beginnt

Schon auf dem Parkplatz des „Ashrams“ im Westerwald, in dem ich nun diese Ausbildung absolvieren würde, begegnete ich einer sympathischen Frau. Wir schlossen uns spontan zusammen und waren uns einig, das gebuchte Doppelzimmer zu teilen. Uns wurde unser Zimmer zugeteilt und der Ausbildungsplan ausgehändigt. An sechs Tagen in der Woche wurde unterrichtet. Vier Wochen lang. Der Ausbildungsplan war sehr umfangreich und ich freute mich auf alle Themen: Philosophie und Ziel des Yoga, Hatha Yoga, Tantra und Kundalini - Yoga der Energie, Raja Yoga - Mentales Training und Meditation, Karma Yoga - Yoga der Tat, Bhakti Yoga - Der Kontakt zum Göttlichen, Jnana Yoga - Yoga des Wissens, Yoga und Unterrichtsmethodik.

Meine Karma-Yoga-Arbeit bestand darin, jeden Morgen um 5 Uhr alle Räucherwaren für die Rituale vorzubereiten, die im Haus stattfinden würden. Karma Yoga bedeutet „das Yoga des Dienens“ und jeder Schüler wurde für einen Dienst eingeteilt. Wir konnten in der Küche helfen, in der Hausreinigung, bei der Gartenpflege und in vielen anderen Bereichen, die dem Haus nutzten.

Am Morgen und Abend standen einstündige Meditationen auf dem Programm. Tagein, tagaus saßen wir während der Meditation, der Vorträge, während der Atemübungen und des Mantrasingens auf dem Boden.

Alles schmerzte. Nicht eine Minute bin ich auch nur ansatzweise in einen meditativen Zustand gekommen. Es fiel mir wirklich schwer, mich auf all diese Rituale und dieses höchst spirituelle Umfeld einzulassen. Meine Beine und mein Rücken taten mir so weh, dass ich dem Unterricht kaum noch folgen konnte. Jeden Tag spürte ich meinen schmerzenden Körper und vor allen Dingen meine mentale Erschöpfung. Die Meditationsstunden zogen sich ins Unendliche. Ich nahm alles um mich herum intensiv wahr. Jedes Geräusch und jede Bewegung im Raum veranlasste mich, die Augen offen zu halten. Ich hörte das laute Zwitschern der Vögel im Garten, vernahm Geräusche aus der Küche, in der gerade das Essen vorbereitet wurde. Was die Vögel sich wohl erzählten? Was es wohl zu essen gab? Meine Gedanken waren überall. An Meditation und innere Einkehr war überhaupt nicht zu denken. In mir machten sich mehr und mehr Unruhe und Unzufriedenheit breit. Dann kamen vermehrt auch noch Zeiten des Schweigens hinzu. In der ersten Woche durften wir bis zum Frühstück mit niemandem reden. Die Zeiten der Stille dehnten sich über die Wochen so weit aus, dass wir am Ende ganze 24 Stunden schweigen mussten. Schweigen während des Vortrages, während des Frühstücks, während des Singens (wir durften den Lehrern beim Singen nur zuhören) und selbst während der Pausen ... Alles, einfach alles zehrte an mir und ich überlegte, das ganze Projekt ‚Yogalehrer' abzubrechen. Während dieser Wochen im

Ashram lebte ich das erste Mal vegetarisch. Meine Oma verwöhnte mich mit guter deutscher Hausmannskost, die ich auch an meine Familie weitergab. Die Umstellung fiel mir daher nicht leicht. Es überkamen mich regelrecht Entzugs- oder wohl eher Entgiftungs-erscheinungen. Egal was es war, es war jedenfalls verdammt unangenehm.

Zweieinhalb Wochen waren vorüber. Es war früh am Morgen und ich machte mich auf den Weg, meinen Karma-Dienst zu verrichten. Ich verließ mein Zimmer im ersten Stock und stieg die kleine Treppe zum Yogaraum hinab. Dabei wurden mir meine Kuschelsocken zum Verhängnis. Ich rutschte aus, schlug hart mit der Wirbelsäule auf und landete auf meinem rechten Arm. Niemand vernahm diesen polternden Lärm. Mich durchzog ein starker, stechender Schmerz im ganzen Körper. Ich war nicht in der Lage, um Hilfe zu rufen, da mir der Aufprall die Luft zum Atmen genommen hatte. Es war schier unerträglich, dass dieser Schmerz, den ich anfangs nicht einmal lokalisieren konnte, nicht aufhören wollte. Ich weiß nicht, wie lange ich dort saß. Ich weiß nur, dass ich am Ende ein massives Ziehen im rechten Arm verspürte. Eine gefühlte Ewigkeit später entdeckte man mich doch und versicherte mir, dass ich mir den Arm gebrochen haben musste. Das war zu viel für mich. War meine Yogalehrer-Karriere vorbei, bevor sie überhaupt begonnen hatte? Eine Teilnehmerin des Kurses bot sich an, mich ins Krankenhaus zu fahren. Da wir uns immer wieder verfuhren, benötigten wir für eine Strecke von ca. 30 km ganze zwei Stunden.

Meine Schmerzen waren unerträglich und so betete ich. Ich betete das erste Mal in meinem Leben für mich. Ich betete dafür, dass die Schmerzen aufhörten, mein Arm wieder heilte und ich die Ausbildung beenden könnte. Ich würde den Kurs auch mit gebrochenem Arm als Zuschauer fortführen. Hauptsache, ich wäre am Ende Yogalehrerin. Wie gern würde ich endlich den Kopfstand erlernen und tief in die Vorbeuge kommen. Aber mit gebrochenem Arm? So ein verdammter Mist! Ich wollte das hier zu einem Abschluss bringen, auch wenn ich in den letzten Tagen viel zweifelte und über einen Abbruch der Ausbildung nachgedacht hatte. Das hatte ich doch nie wirklich ernst gemeint! Ich versprach „dem lieben Gott" in diesem Moment alles! Wenn ich doch nur heute Abend wieder im „herabschauenden Hund" auf der Yogamatte stehen konnte. Natürlich war das nicht möglich. Dennoch wollte ich wenigstens den Versuch unternehmen, diese Bitte zu äußern. Das war es mir wert! Hier und jetzt – vor Gott!

Plötzlich brach in mir der starke Wille hervor, diese Ausbildung unbedingt abzuschließen. Wenn dieser Sturz schon für nichts gut war, so brachte er wenigstens diese Kämpfernatur in mir zu Tage. Eine Kämpfernatur, die unbedingt als Yogalehrerin nach Hause fahren wollte. Mir war durchaus klar, dass ich unter dem Schmerz im Arm zu fantasieren begann. Wenn es einen Gott geben sollte, dann könnte ER ja auch mal etwas für MICH tun. Ich hatte ihn noch nie um Hilfe gebeten, ihn nie mit Belanglosigkeiten belästigt. Nur dieses eine Mal erbat ich seine Hilfe. Ich versprach hoch und heilig, die Ausbildung zu beenden, wenn ich die Chance dazu bekäme. Ich gab mir wirklich die allergrößte Mühe, in meinen Ausführungen überzeugend zu sein - mit wem auch immer ich gerade sprach. Ich redete mit mir selber und hörte nicht mehr auf, Versprechungen zu machen. Ich hatte viel Zeit, mir darüber klar zu werden, dass ich diese Ausbildung unter keinen Umständen abbrechen wollte. Aber leider war es zu spät. Ich hatte bisher nicht annähernd das erreicht, was ich mir erhofft hatte. Ich war immer noch nicht in den Kopfstand gekommen und mein Vorbeugen war alles andere als graziös.

Nach zwei endlosen Stunden hatten wir endlich das Krankenhaus erreicht. Ich hatte während dieser Zeit kein einziges Wort mit der Frau neben mir gesprochen. Sie war so freundlich zu mir – beschwerte sich nicht eine Sekunde, obwohl ich sie auf dieser Fahrt komplett ignoriert hatte. Ich war zwei Stunden im Gebets-Modus und hatte nur mit mir selbst gesprochen – in Stille, versteht sich. Im Warteraum saß mir eine ältere Dame mit einem ähnlichen Problem gegenüber. Man sagte ihr, dass sie nun in ihr Zimmer könne und die Operation gerade vorbereitet werden würde. Ich wollte meinen Ohren nicht trauen. Krankenzimmer, Operation?

DAS würde nun sehr wahrscheinlich auch auf mich zukommen. Über so etwas hatte ich noch gar nicht nachgedacht. Ich war allein im Westerwald und sollte fernab meiner Männer, mit einem gebrochenen Arm, im Krankenhaus liegen? Was für ein Alptraum!

Ich wurde aufgerufen und in ein Behandlungszimmer geführt. Plötzlich stand mir ein Schwarzafrikaner gegenüber. Ein farbiger Arzt, hier im Westerwald. Warum mich das erstaunte und zugleich unglaublich beruhigte, weiß ich nicht. Ich hatte das Gefühl, einem besonderen Menschen gegenüber zu stehen. Trotzdem erlaubte ich ihm nicht, meinen Arm zu berühren. Ich kreischte ihn dabei fast hysterisch an, denn der stechende Schmerz war noch immer allgegenwärtig. Ich erlaubte ihm lediglich, sich meinen Arm anzuschauen - mehr nicht und das war mein absoluter Ernst. Nur unter Vollnarkose dürfte man mir den Pullover ausziehen und meinen Arm berühren. Mit Engelszungen versicherte er mir, dass er sein Bestes geben würde, um mir so wenig Schmerzen wie möglich zu bereiten. Ich versuchte, mich für einen Moment zusammenzureißen, und so tastete er dann doch ganz vorsichtig meinen Arm ab und drehte ihn behutsam ... und dann noch etwas mehr ... und noch etwas mehr. Er bewegte ihn in alle Richtungen. Ich war sprachlos! Kein Schmerz, kein Bruch, kein Krankenzimmer! Keine Operation? Nein, das war nicht nötig. Man mag mich für vollkommen verrückt halten, aber meine tiefe Überzeugung ist, dass die Zeit, die ich im Auto aushalten musste und betete, mich auf wundersame Weise heilte. Im Wartezimmer hatte ich noch starke Schmerzen. Im Behandlungsraum war ich genesen.

Noch am selben Abend schaute ich auf meine Yogamatte im „herabschauenden Hund“, durch meine Beine hindurch. Ich war glücklich. Und ich hatte mir ein Versprechen abgegeben: Ich würde diese Ausbildung beenden! Für mich und GOTT!

Im Rahmen dieser Yogalehrerausbildung konnte man sich einen spirituellen Namen geben lassen und in ein Mantra eingeweiht werden, das einen in eine andere, tiefere Meditation begleiten sollte. Das mit dem Mantra hat leider nicht funktioniert.

Ich wählte „OM NAMAH SIHVAYA“, was in etwa lautet: EHRE DEM SHIVA. Während einiger Meditationen versuchte ich immer wieder, dieses Mantra zu beten, aber es tat sich einfach nichts. Ich war viel zu sehr auf meine körperlichen Befindlichkeiten konzentriert, um auch nur ansatzweise einen ruhigen Zustand zu erreichen. Mit oder ohne Shiva. Ich wollte mir auch einen spirituellen Namen geben lassen. Eine kleine Gruppe von Interessierten versammelte sich an jedem Tag während der Mittagpause in unserem großen Yoga- und Unterrichtsraum. In einer kleinen Zeremonie wurden uns Namen gegeben, die eine spirituelle Bedeutung hatten und uns von nun an durch unser Leben begleiten sollten. Einige Namen, die an die Teilnehmer gegeben wurden, klangen sehr fremdartig, sodass ich davon überzeugt war, dass ich den Namen, den ich gleich bekommen sollte, wohl nie wieder verwenden würde. Ich wurde auf das Podest gebeten und war in diesem Moment sehr aufgeregt. Ich setzte mich der Ashram-Leiterin, die dieses Ritual als einzige abhalten durfte, gegenüber. Sie sagte ein paar nette Worte zu mir und gab mir den Namen „KANYA“. Sie erklärte, dass der Name die folgende Bedeutung hatte:

„KANYA; die, die gegen Dämonen ankommt!“

Das nahm ich kommentarlos hin, denn ich hatte keine Ahnung, dass mir das einmal etwas bedeuten könnte.

Heute fühle ich mich während meiner Arbeit tatsächlich unbeschreiblich beschützt. Die Arbeit mit Energie und der Kontakt mit Verstorbenen, den ich ab und an erlebe, erschreckt viele Menschen und sie sprechen häufig sofort von „negativen Energien“, vor denen sie sich fürchten. Diese Angst existierte bei mir nie. Ich spürte stets, dass in mir eine Kraft war, die mich vor allen „negativen Energien“ beschützte und dieses Vertrauen habe ich nie verloren und wurde nie enttäuscht. Ob der Name dazu beiträgt oder nicht: Ich bin stark und beschützt und niemals in Gefahr!

Die geistige Welt wird auf ganz konkrete Weise sichtbar

Mittlerweile faszinierten mich Yoga und buddhistische Philosophien. Unmengen an spiritueller Literatur hatte ich in den letzten Monaten regelrecht verschlungen. Dabei ergaben sich unglaublich viele Fragen und ich hatte mehr und mehr das Gefühl, ich bräuchte Antworten und natürlich BEWEISE für all das Gesagte. Ich absolvierte diverse Kurse im „Buddhistischen Zentrum in Hamburg“ und widmete mich jahrtausendealter Übungen, Philosophien und Meditationen, um mich insbesondere mit dem Thema „Tod“ und der Furcht vor der Vergänglichkeit auseinanderzusetzen. Dieses Thema packte mich dermaßen, dass ich mich ernsthaft mit dem Gedanken auseinandersetzte, das siebenjährige Buddhismus-Studium zu absolvieren. Die Anmeldung war ausgefüllt und brauchte nur noch verschickt zu werden. Irgendein tiefes Gefühl in mir hielt mich jedoch davon ab, mich auf diese spirituelle Reise zu begeben. Warum ich dieses Gefühl hatte, konnte ich nicht beschreiben, denn ich hatte eine wirklich tiefe Sehnsucht in mir, mehr über Spiritualität zu erfahren, alles zu verstehen und einzutauchen in diese wunderbare Welt der buddhistischen Wahrheiten. Und ich war davon überzeugt, dass die buddhistischen Lehren meinen Hunger nach Wissen stillen könnten. Ich hatte mir fest vorgenommen, während des bevorstehenden Urlaubs in Florida, für den ich gerade meine Koffer packte, alle Zweifel – und vor allem meine Selbstzweifel – beiseite zu räumen und den großen Schritt zu wagen. Es war Karfreitag. Viele Wochen der Vorfreude auf diese Reise lagen hinter uns. Am nächsten Tag sollte es losgehen. Ich ging ins Bad, um mich fertig zu machen. Unser Sohn Rafael, der damals 13 Jahre alt war, folgte mir wie gewöhnlich und redete ununterbrochen auf mich ein. Sein Wunsch nach Kommunikation war von jeher unermesslich groß. Ich stand vor dem großen Badspiegel, bereit unter die Dusche zu gehen. Erstaunt fragte mich Rafael, was ich denn da unter meiner Brust hätte. Ich schaute in den Spiegel und war erschrocken. Unter meiner linken Brust, direkt über meinem Herzen, war ein Kreuz geritzt. Es war etwa fünf Zentimeter lang und leuchtete mir strahlend rot entgegen. Es war definitiv mehr als nur ein zufälliger Kratzer. Ein liegendes Kreuz zeichnete mein Herz an diesem „Karfreitag".

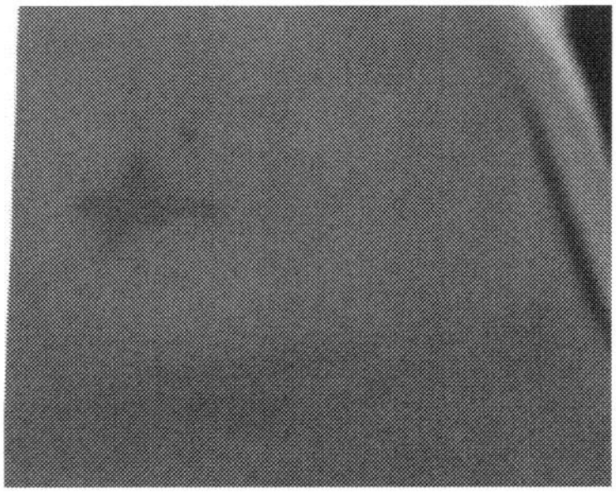

Für mich strahlte es Bedrohlichkeit aus, ich bekam Angst. Das Kreuz war punktgenau in meine Haut, über mein Herz, geritzt. Ich sagte meinem Mann, ich wolle die Reise lieber nicht antreten. Ich wollte mit diesem göttlichen Zeichen nicht in ein Flugzeug steigen, denn ich vermutete, dass das Kreuz eine Warnung vor dem Flug sein sollte. Mein Mann Henry hatte hierfür eine komplett andere Erklärung. Er versuchte mich zu beruhigen und meinte, dass das Zeichen sicherlich für eine besondere Begabung stünde. Er interpretierte es als eine Mitteilung über eine Kraft und Aufgabe für mich, die er schon immer für mich sah, ohne es jemals ausgesprochen zu haben. Er sagte mir an diesem Tag zum ersten Mal, als wie besonders er meine Arbeit und meinen Umgang mit den Menschen empfand. Wie offensichtlich es war, dass die Menschen völlig verändert meine Behandlungen verließen. Bisher war mir nicht bewusst gewesen, dass Henry das alles so genau verfolgte oder überhaupt wahrgenommen hatte. Aber er hatte mir plötzlich sehr viel zu sagen. Dieses Ereignis hat mich lange beschäftigt und warf von nun an unzählige neue Fragen auf. Ein ganz besonderes Geschenk war es auf jeden Fall. Henry war sich sicher, dass das Kreuz mir einen Weg zeigen wollte. Es war nicht der Weg des Buddhismus. DAS konnte auch ich verstehen.

Ich nahm glücklicherweise mein Handy zur Hand und fotografierte das Kreuz. Von dem Foto geht bis heute die Kraft des Kreuzes aus. Hätte ich dieses Bild nicht, würde ich heute nicht mehr glauben, dies je erlebt zu haben. Wann immer diese Zweifel aufkeimen, erlaube ich mir einen Blick auf das Foto mit dem Kreuz. Wir sind alle gemeinsam nach Florida geflogen und an einem Abend fasste ich den Mut, meiner Mutter, die wir in Florida trafen, dieses Kreuz zu zeigen. Sie war ebenso sprachlos wie ich. Für mich bedeutete dieses Kreuz ein rein christlich orientiertes Symbol und ich hatte das Gefühl, dass der Buddhismus vielleicht der falsche Weg sein könnte. Ich entschied mich daraufhin, keinen neuen Weg einzuschlagen, sondern weiter zu gehen auf den Wegen, auf denen ich mich derzeit befand. Sehr lange blieb die Frage mit dem Kreuz jedoch ungeklärt und es bedurfte noch einiger Erfahrungen, bis sich das Rätsel löste.

Erste mediale Schritte

Nach der Yogalehrerausbildung widmete ich mich zu Hause einer disziplinierten Meditationspraxis. Hier versank ich in eine wunderbare Ruhe, die ich während der Yogalehrer-Ausbildung jeden Tag vermisst hatte. Die vielen Menschen um mich herum konnten mir nicht helfen, ruhiger zu werden. Ganz im Gegenteil. Ich war ständig abgelenkt und nahm jede Bewegung und jedes Geräusch um mich herum intensiv wahr. Zu Hause jedoch spürte ich, dass mein neu errungenes Wissen über Meditationstechniken sowie die Ruhe meiner vier Wände ein wunderbares Fundament für neue Meditationserfahrungen waren.

Bea, mit der mich schon lange eine innige Freundschaft verband, teilte auch meine Liebe zur Energiearbeit. Wir waren beide von der spirituellen Arbeit und dem Angebot auf dem spirituellen Markt, der uns noch so viele Möglichkeiten offerierte, fasziniert. Wir tauschten uns täglich über unsere Meditationserlebnisse aus, über Behandlungen und darüber, was uns noch alles erwarten würde. Bea war meine engste Vertraute und hat mich immer darin bestärkt, meine Erfahrungen vertrauensvoll anzunehmen. Ich hatte jeden Tag viele kleine Erlebnisse, die ich oftmals erst viel später verstand und deuten konnte. Der tägliche Austausch mit ihr brachte mir die mögliche Existenz einer anderen Welt – einer Art Parallel-

Universum – immer näher ... Vielleicht gab es ja doch eine „unterstützende Kraft“ an unserer Seite ... Über all diese Dinge philosophierten Bea und ich oft über mehrere Stunden. Dieser Austausch war zu einem ganz wichtigen Teil meiner Entwicklung geworden.

Mit meiner Yogalehrerin Natascha, aus dem Wellness- und Fitness-Studio, verband mich mittlerweile ebenfalls eine tiefe Freundschaft. Immer wieder empfahl sie mir, zu meditieren und nach Antworten zu suchen. Ich brannte zwar für Spiritualität und meditierte auch regelmäßig, aber zu meditieren, um Antworten zu erbitten, war für mich immer noch etwas fremdartig. Denn eines war sicher: In der Meditation redete niemand mit mir und ich bekam auch keine Antworten auf meine Fragen. Meditation war für mich ein Teil meiner Yoga-Praxis und ließ mich zur Ruhe kommen. Ich liebte diese vollkommen entspannten Momente, die mich mit Freude und Liebe erfüllten. Wenn ich versuchte in die Stille gehen, dachte ich über einiges nach und fand in dieser Ruhe manchmal auch Lösungen oder Antworten auf meine Fragen. Ich war davon überzeugt, dass diese Antworten das Ergebnis meines eigenen Denkens waren. Sie kamen nicht von außen. Da waren keine Stimmen, die mir Botschaften überbrachten und dennoch waren die Erkenntnisse sehr hilfreich für mich. Ich genoss diesen inneren Frieden, der mich in einer Meditation durchdrang, dieses ganz spezielle Gefühl, das von inneren Farben und Bildern begleitet wurde.

Nach meiner allmorgendlichen Meditation, und dem Spaziergang mit meiner Dalmatiner-Hündin Lucy, telefonierte ich mit meiner Freundin Bea. Völlig aufgeregt erzählte sie mir von einer besonderen Bekanntschaft, die sie am Vorabend auf einer Geburtstagsfeier gemacht hatte. Es ging um eine Frau, die von sich behauptete, ein Medium zu sein. Mir war nicht genau klar, was ein Medium ist oder genau macht. Doch ich war sehr gespannt und lauschte Beas Worten am Telefon mit Erstaunen. Bea erzählte mir, dass diese Frau mit der geistigen Welt in Kontakt stand und nach ihrem anstehenden Umzug nach Hamburg einen medialen Zirkel aufbauen wollte. Der erste Zirkelabend war bereits avisiert und selbst-verständlich hatte Bea uns bereits angemeldet. Sie war voller Vorfreude und ich begleitete sie gern. Nachdem ich erfuhr, dass diese Frau wohl zu wissen glaubte, was es mit dem Kreuz auf meiner Brust auf sich hätte, setzte auch ich große Erwartungen in diesen Abend. „Endlich!", dachte ich. Endlich könnte jemand das Zeichen über meinem Herzen in einen Zusammenhang bringen – mir womöglich erklären, was es damit auf sich habe. Ich konnte es kaum erwarten.

Der Einschlag

Mittlerweile wurde ich immer häufiger darum gebeten, meine Erfahrungen mit interessierten Menschen zu teilen. Ich war leidenschaftliche Yogalehrerin und als Reiki-Lehrerin hatte ich inzwischen einige Menschen in die Reiki-Energie eingeweiht. Viele davon waren auf außergewöhnlichen Wegen zu mir geführt worden und äußerten den Wunsch, von mir über die Einweihung hinaus unterstützt zu werden. An einem Wochenende hatte ich eine Seminar-Gruppe von fünf Damen bei mir. Wir wollten gemeinsam in die Welt der Energie und Meditation eintauchen. Ich würde mit der Energie jeder einzelnen Person in Verbindung treten und sie an eine ganz besondere Kraft anbinden, von der sie tagtäglich persönlich profitieren konnten. Die Arbeit mit dieser „Kraft" erzielte wunderbare Erfolge und Ergebnisse. Ich kann durchaus behaupten, vieles damit bewirkt zu haben und wusste von der positiven Wirkung auf mich und andere. Meine Lehrerin und Ausbilderin versicherte mir mehrmals, dass diese Energie, die mir damals im Elbtunnel ihre starke Kraft präsentierte, ausschließlich mit mir zu tun hatte und sie sich nicht auf andere Menschen auswirken würde. Bis heute ist nie wieder etwas Derartiges vorgefallen und so ließ ich der Energie ihren Lauf und öffnete mich hingebungsvoll. Wir stimmten uns singend mit „OM" und weiteren Mantren ein, übten Pranayama (Atemtechniken) und meditierten voller Freude in den Tag hinein.

Ich saß also vor dieser Gruppe und wir meditierten gemeinsam, bevor ich mit einem besonderen Ritual beginnen wollte. Doch plötzlich wurde mir schrecklich heiß ... In mir baute sich eine unbeschreiblich große Energie auf. Es war keine Welle, sondern eher der Einschlag einer Übermacht. Diese Übermacht kam mit einer Wucht, die kräftiger war als ich selbst, und die alles in mir verdrängte. Ich rang nach Luft und hatte keinen blassen Schimmer, was da gerade mit mir passierte. Ich war lediglich in der Lage, diese geballte Energiepräsenz wahrzunehmen, jedoch in einer Form, wie ich es nie zuvor erlebt hatte. Der Druck IN meinem Körper war so stark und vor allen Dingen so groß, dass mir sämtliches Wasser aus den Poren floss. Ich spürte, dass mir der Schweiß den Kopf, den Rücken und auch an den Beinen hinunter rann ...Und so plötzlich, wie diese Energie über mich hereinbrach, wich sie wieder aus meinem Körper. Ich war vollkommen platt, durchnässt und außer Atem. Vor allem aber war ich total fassungslos. Jede Teilnehmerin im Raum spürte und wusste, dass hier etwas Überwältigendes und Wunderbares passiert war, und ich sah in glückliche Gesichter von Menschen, die mit dieser überwältigenden Energie, die von mir ausgegangen war, in perfekter Weise harmonierten. Ich selber spürte lediglich eine starke Erschöpfung und war überwältigt von der Energie, die mich berührte und mir signalisierte:

„Diese Kraft ist NEU“. Etwas Derartiges hatte ich nie zuvor wahrgenommen und sie sprengte regelrecht meine Auffassung, dass die geistige Welt sich nur durch Bilder und Worte zeigen konnte. Hier hatte ich sie erstmalig wirklich „erlebt“. Nachspürend saßen wir still am Esstisch und konnten unsere Gefühle nicht in Worte fassen. Jeder hing seinen Erlebnissen nach und nahm ein wertvolles Geschenk mit nach Hause.

In mir rüttelte es erneut und ich hatte das Gefühl, ich musste mich einen Schritt fortbewegen, war aber nicht sicher, ob ich dazu bereit war. So wunderbar der Tag für die Beteiligten war, spürte ich doch eine gewisse Unsicherheit, ob ich diese Kraft jemals würde kontrollieren können und wollen. Vielleicht wollte ich auch einfach wieder zurück.

Wenige Tage später fuhren meine Freundin Bea und ich quer durch Hamburg, um endlich das Medium zu treffen. Wir waren beide sehr gespannt. Das letzte Wochenende war noch nicht ganz verarbeitet und so hoffte ich nun sehr, endlich ein paar Erklärungen für all diese seltsamen Vorkommnisse zu erhalten. Es begrüßte uns eine blonde, korpulente Dame – etwa fünfundfünfzig Jahre alt – in ihrer erst kürzlich bezogenen, kleinen Wohnung nördlich von Hamburg. Sie hieß Simone und war mir vom ersten Moment an sympathisch. Die Wohnung war gemütlich und nicht überladen eingerichtet. Mir fiel gleich positiv auf, dass nirgendwo Engelbilder oder Traumfänger herumhingen. Der Zirkel war liebevoll vorbereitet und schien uns willkommen zu heißen. Es war ein Stuhlkreis, in dessen Mitte eine Kerze und Blumen standen. Nach und nach trafen noch weitere Frauen ein. Insgesamt waren wir zu siebt. Jede hatte etwas zu essen mitgebracht, das für das anschließende gemeinsame Abendessen hinten im Raum auf dem großen Esstisch bereitgestellt wurde. Simone ergriff äußerst souverän das Wort und begrüßte uns in diesem Zirkel. Sie wirkte beeindruckend selbstbewusst, obwohl sie zuvor noch nie einen Zirkel geleitet hatte, wie sie uns sogleich verriet. Ohne viel Umschweife stieg sie direkt ein: „Ich bin ein Trancemedium und möchte euch den Kontakt zu eurem Geistführer ermöglichen." Das verschlug mir die Sprache. Dieser Satz zerstörte all mein Hoffen, all meine Vorfreude darauf, endlich Antworten auf all meine offenen Fragen zu erhalten. Ich glaubte nicht mehr daran, in einem „seriösen" Kreis zu sitzen. Ich machte komplett zu und fühlte mich hilfloser als je zuvor. Ich vernahm kaum noch ihre Stimme und fühlte mich unbehaglich und meiner inneren Unruhe ausgeliefert. Bea schaute mich mit ihrem warmen, verschmitzten Lächeln an und ich versuchte all die negativen Gedanken wieder wegzustoßen. Simone erklärte uns nun folgende Vorgehensweise: Sie würde sich nach und nach hinter jede einzelne von uns stellen und diesen besagten Kontakt herstellen. Wir sollten ein neues Energiezentrum öffnen, welches sie uns vorher gezeigt hatte, und dann würde unser

Geistführer sich uns nähern können. Doch bevor ES losging, sollten wir uns in einer geführten Meditation entspannen. Danach stellte sie sich hinter die erste Dame und bat diese, ihr besonderes Energiezentrum zu öffnen, um so die erforderliche Energie bereitzustellen, die es brauchte, um unseren Geistführer intensiv spüren konnten. Ich schüttelte innerlich nur noch den Kopf und fragte mich, ob das irgendjemand der glaubte. Doch Simone schien sich ihrer Sache überaus sicher zu sein. Das zumindest konnte man ihrer Stimme, Mimik und Gestik entnehmen. Sie war tatsächlich davon überzeugt, mit Geistführern zu reden, von deren Existenz ich zuvor noch nicht einmal etwas gehört hatte und an die ICH definitiv niemals glauben würde! Ich unterstellte ihr insgeheim, dass sie gar nicht genau wusste, was sie da tat. Dass sie lediglich mit Reiki-Energie ‚herumexperimentierte'. Dass sie uns diese Energie, als DIE Energie verkaufte, um mit Geistführern in Kontakt zu treten – alles für ein bisschen Hokuspokus – wunderte mich doch sehr. Natürlich spürte jede der Teilnehmerinnen beim Handauflegen etwas von einer energetischen Verbindung. Aber das war längst nichts Außergewöhnliches mehr für mich. Jeder trägt diese Energie in sich – der eine mehr, der andere weniger. Aber warum muss jeder „dem Kind" einen anderen Namen geben, fragte ich mich. Ich war total genervt, voreingenommen und mir sicher, ihr Vorhaben durchschaut zu haben. Ich glaubte nun mal nicht an

Geistführer. Ich glaubte an Reiki und die Energie mit Engeln. Vor allen Dingen glaube ich heute daran, dass ich in diesem Moment, in meinem ersten Zirkel bei Simone, einfach panische Angst hatte und alles von mir stoßen wollte. Mit dieser extremen Abwehrhaltung hatte ich alle Tore zu einer anderen Welt ganz fest verschlossen und wollte sie auch unbedingt geschlossen halten.

Nun war es an mir. Ich war die vierte im Bunde und durfte „endlich" meinen „Geistführer" kennenlernen. Ich konnte es ja kaum erwarten. Mich durchströmte tatsächlich eine kraftvolle Energie, als ich ihre Anwesenheit hinter mir spürte. Das konnte ich keineswegs verleugnen und schloss die Augen. Als sie ihre Hand auf einen besonderen Punkt meines Körpers legte, spürte ich unweigerlich einen imposanten Energiestrom. Die Energie floss und floss ... Urplötzlich riss es meinen ganzen Rücken auf. Unvermittelt hatte ich das Gefühl, als würde ein riesengroßer Speer meinen Rücken durchstoßen. Ich schrie in Panik und vor Schreck auf. Sofort war wieder diese enorme Kraft bei mir, die mich erst letztes Wochenende ‚heimgesucht' hatte. Ich versuchte mich schreiend davon zu lösen, denn dieser imaginäre Speer steckte noch fest in meinem Rücken und durchbohrte meinen Oberkörper. Es war schrecklich! Was jetzt kam, kannte ich bereits. Das Wasser floss erneut aus all meinen Poren. Die Energie schoss wie am vergangenen Wochenende in meinen Körper und ich versuchte verzweifelt nach Luft zu ringen. Diesmal war es deutlich schlimmer! Ich fühlte diesen unglaublichen Schmerz, diese Energie, den Speer, das Wasser und eine hilflose Simone neben mir. Simone versuchte ihre Unruhe zu verbergen. Wie in einem Geburtsvorbereitungskurs hechelten wir uns nun gemeinsam durch die Chakren, in der Hoffnung, dem Ganzen ein Ende zu bereiten. Sie redete auf mich ein und ich hechelte mich erneut durch die verschiedenen Energiezentren. Ich wollte nur, dass ES aufhörte. Und das tat es zum Glück auch. So schnell, wie es gekommen war, war es auch wieder gegangen. Das Chaos innerhalb unserer Runde war perfekt. Ich war still. Und wütend. Im Geiste schrie ich irgendjemanden an, der hinter mir stand: „Bleib ja weg von mir!" Ich ging in Abwehrhaltung und stellte meine Stacheln auf. Am liebsten wäre ich sofort geflüchtet. Ich wollte nach Hause! Einiges hielt mich davon ab: Erstens hatte Bea ihren Kontakt noch vor sich und zweitens hatte ich unglaublichen Hunger, so dass ich mich zügeln musste, nicht gleich über das Buffet herzufallen. Zudem musste ich heute noch eine Antwort bekommen. Ich wollte nun endlich wissen, was es mit diesem Kreuz auf sich hatte. Und zu guter Letzt brauchte ich eine Erklärung für diese gewaltige Energie, die definitiv KEINE Reiki-Energie war.

Simone gab sich wirklich viel Mühe, Ruhe in diesen aufgewühlten Haufen verängstigter Frauen zu bringen. Ich nutzte die Gelegenheit, sie zu fragen, ob sie eine Antwort auf meine Frage hätte, die ich heute mitgebracht hatte, ohne dabei das Wort „Kreuz“, „Herz“ oder „Brust“ zu verwenden. Sie lehnte es ab, mit mir vor der Gruppe darüber zu sprechen, um die anderen nicht zu beunruhigen. Das betrübte mich und ich verstummte. Meine Stille zeigte keineswegs, wie es wirklich in mir aussah. Ich war verstört, dass das, was ich gerade erlebt hatte, ebenfalls Energiearbeit und womöglich die Basis für einen „Kontakt“ zu meinem Geistführer sein sollte. Erstaunlicherweise habe ich auch in diesem Zusammenhang nie an sogenannte „negative Energien“ gedacht. Damals nicht und auch nicht in den Jahren darauf. Trotz der letzten Erfahrung, startete Simone eine zweite Runde. Ich hielt mich vollkommen zurück und war erst einmal raus. Ich hatte sofort Kontakt nach „hinten“ aufgenommen und geistig kommuniziert, dass mein Geistführer und ich „getrennte Leute“ sind. Ich bin ich, du bist du und das soll auch so bleiben! Simone wollte mir am Ende des Abends, wenn alle gegangen waren, meine Fragen unter vier bzw. sechs Augen beantworten, denn Bea würde natürlich dabei sein.

Der Abend zog sich unglaublich in die Länge. Das nächste Treffen wurde geplant. Man wollte jeden zweiten Dienstag in dieser Runde zusammenkommen, um medial zu arbeiten. Ich gab deutlich zu verstehen, dass ich keine Zeit für Zirkelarbeit hätte. Ich war mir absolut sicher, dass wir uns nie, nie wiedersehen würden. Nach etlichen

Wangenküssen und Dankesworten waren um 23.00 Uhr endlich alle gegangen. Nun konnte ich meine Fragen stellen.

Simone erklärte mir, dass ich ein „Trancemedium" sei, wie sie auch. Darüber hinaus wollte sie mir verständlich machen, dass ich dazu noch eine besondere Begabung vorzuweisen hätte und ein „physikalisches Medium" sei. Sie erklärte mir weiter, dass das ein anderer Weg sei als ihrer und ich irgendwann, in ferner Zukunft, von einem anderen Lehrer unterrichtet werden müsste. Ich glaube, sie hatte nicht verstanden, dass ich definitiv niemals von irgendjemandem unterrichtet werden wollte, geschweige denn einen weiteren Ausflug in die mediale Welt unternehmen wollte. Jedenfalls berichtete sie von einem gewissen Bert, der ebenfalls ein „physikalisches Trancemedium" sei und dessen Hilfe ich wohl irgendwann in Anspruch nehmen sollte. Bert war seit vielen Jahren, so erzählte sie mir, der Leiter eines Zirkels, den sie besuchte. Jedes Medium brauchte einen Zirkel, um sich zu entwickeln, das war ihre Überzeugung. Erst einmal wollte ich mich auf gar keinen Fall in diese Richtung weiterentwickeln und darüber hinaus fand ich diese Aussage schon sehr befremdlich. Sie meinte, das Kreuz auf meinem Herzen sei Zeugnis meiner physikalischen Energie. Die geistige Welt sei in der Lage, meine Energien zu nutzen, um sich sichtbar zu machen.

Es war spät und ich hatte genug gehört. Es war Zeit zu gehen. Ich war unglaublich aufgewühlt und versuchte, mitten in der Nacht meinem Mann zu erklären, was ich erlebt hatte. Es war 0.30 Uhr. Sein Wecker würde in weniger als vier Stunden klingeln und somit stieß ich nicht gerade auf großes Interesse. Aber ich musste jetzt reden. Ich musste diesen Schub an Energie doch irgendwo loswerden. Ich steckte noch voller Adrenalin und sprühte vor Lebendigkeit. Von Müdigkeit war keine Spur in mir. Mein Mann versicherte mir, dass er sich alles am nächsten Tag ausführlich von mir erzählen lassen wollte und bat mich, zu schlafen und zur Ruhe zu kommen. Ich lag nun schweigend in meinem Bett und versuchte, das Erlebte zu sortieren. So sehr es mich verunsicherte und beängstigte, so sehr war ich auch überzeugt, dass es etwas ganz Besonderes war, was ich heute hatte erfahren und erleben dürfen. Trotzdem schien es mir auch, dass diese Energie nicht zu mir passte. Ich war der Meinung, diesen Weg nicht gehen zu können – und auch nicht zu wollen.

Am nächsten Morgen telefonierte ich mit Bea und wir sprachen über alle Details des vergangenen Abends. Obwohl mich dieses Energie-Erlebnis unheimlich beschäftigte und ich mich darüber austauschen wollte, versicherte ich ihr, dass es meine Überzeugung sei, diesen Weg nicht weiter zu verfolgen. Ich telefonierte auch mit meiner Freundin Nadine, deren Schwester bei dem Autounfall verstarb, und berichtete ihr von dem gestrigen

Vorfall. Ich suchte dringend den Austausch. Ich war überwältigt und von Neugierde gepackt. Was würde dieser Weg für mich wohl bereithalten, wenn ich ihn doch gehen würde ...? Nadine rief mich kurz nach unserem Telefonat zurück. Sie hatte ihr Tagebuch durchstöbert und meinte, dass das Kreuz genau gestern vor einem Jahr aufgetaucht war. Jetzt war ich sprachlos und spürte intuitiv, dass es offenbar kein Zurück mehr gab ...

An dieser Stelle möchte ich eine Durchsage einfügen, die ich etwa ein Jahr später von der „geistigen Welt" erhielt. Es beschreibt, wie sehr die „geistige Welt" versucht uns zu erreichen. Ich teile mit dir einen meiner ersten Texte, lasse dich damit an meinen „Anfängen" teilhaben und hoffe, dir damit Mut zu machen, wenn es bei dir, wie auch bei mir, nicht auf Anhieb mit wunderbaren, langen und tiefgreifenden Texten klappt. Jedes Medium entwickelt sich vollkommen unterschiedlich. Es kann sein, dass du mit deinem ersten Kontakt ganze Bücher füllen kannst. Es kann aber auch sein, dass du anfangs nur einzelne Worte empfängst, Zahlen oder Zeichen. Wichtig ist nur, dass du dein Herz öffnest, dich berühren lässt, frei wirst von Bewertungen und weitergehst, um ein wundervoller Kanal zu werden.

Durchsage vom 27.01.2014

Die Ränge sind belegt, denn ihr alle werdet von uns begleitet und beobachtet. Wir sind immer an eurer Seite, kümmern uns um euch und wollen euch sanft lenken. Viele Faktoren verhindern, dass wir in euer Leben eingreifen können und dürfen. Versucht in die Stille zu gehen und unseren Stimmen zu lauschen. Jeder Einzelne von euch kann dies tun. Es ist nur ein Gedanke, den ihr einfach ergreift. Wenn ihr meint, es sei schwer, so ist es dies auch. Öffnet ihr euer Herz, so erreichen wir euch in Leichtigkeit. Wir geben uns allergrößte Mühe, es euch leicht zu machen, denn wir wünschen uns so sehr, euch zu erreichen. Wir verteilen Aufgaben, damit das Zusammenspiel funktioniert. Daher könnt ihr euch euren Weg nicht aussuchen. Wir agieren bereits lange davor, um durch euch wirken zu können. Ihr wählt nicht und trainiert. Wir arbeiten, üben an euch und entwickeln. Du bist sehr lange vorbereitet worden, aber hast uns nicht erhört. Nie hast du uns einen Gedanken gewidmet. Wir können nicht sagen, warum es so schwer war. Aber dann sind wir eingebrochen in dein Haus und du hast die Türe wieder verschlossen. Hast immer nur einen kleinen Spalt offengelassen. Nur einen kleinen Spalt. Du hast dich nicht mehr getraut, sie zu schließen, denn wir hätten sie wieder aufbrechen müssen. Daran konntest du nichts ändern. Dein Wunsch war es, mit uns zu kommunizieren, etwas Besonderes zu bewirken. Aber die Tür hast du uns nicht geöffnet. Hattest nur Fenster. Wusstest nichts von der Tür. Freiwillig war es dennoch. Du hast uns gebeten, und wir mussten die Tür eintreten. Deine Gefühlsebene war zugemauert. Das Herz hast du verschlossen. Für andere war es da. Aber nicht für dich selber. Doch dein Herz war es, das wir erreichen mussten. Du hast dich nie gesehen. So konnten wir nicht mit dir arbeiten. Keiner kann dich sehen, ohne dass du für dich selbst Liebe empfindest. Aber du musst herausstechen. Man muss dich sehen. Mit Selbstliebe und Liebe zu anderen. Du rettest dich nicht, wenn du dich nicht liebst. Du fällst in den Sumpf und bleibst stecken. Aber du musst um deine Seele kämpfen und sie lieben. Hast in die Seelen geschaut, verstanden, darin gelesen, wie in einem Buch. Du tust es heute noch, über Distanzen hinweg ist es dir gegeben. Aber in dir hast du nicht gelesen, du hast einfach das Buch zugeklappt und nicht hineingeschaut, was darin steht. Du hast dich nicht verstanden, deine Gefühle, deine Selbstbetrachtung. Du hattest es nicht verstanden. Liebe dich, und andere können dich lieben. Von allen Seiten kommen sie auf dich zu. Deine Augen, dein Herz leuchten. Dieses Leuchten. Dieses Leuchten hält die Menschen gefangen. Das ist nötig, um sie zu erreichen. Sie nehmen ihren Raum und ihre Position um dich herum ein, um sich zu entwickeln. Jetzt musst du Kraft aufbauen. Für die neuen Menschen. Für die neuen Aufgaben. Keiner konkurriert miteinander. Im Gegenteil. Das Tragen und

Stützen IST das Ziel. Nur so kommen wir gemeinsam voran. Unsere Aussage enthält sehr viele Informationen, die erst später ihre volle Kraft entwickeln. Jeder Satz enthält diese Kraft.
In Liebe!

Die Dienstagsfrauen

Es gab viele Gespräche zwischen Bea, Nadine, Simone und mir. Ich spürte im Herzen, dass ich endlich diesen Weg gehen musste und ich wollte das Schicksal nicht weiter herausfordern. Simone erklärte mir eindringlich, dass es besonders für mich wichtig sei, mich dieser „Aufgabe" zu stellen und mir bewusst zu machen, dass es ein ganz besonderer und privilegierter Weg sei, den ich gehen durfte. Und so entschloss ich mich, es weiter mit diesem Weg und Simones Zirkel zu versuchen. Die Erfahrungen, die ich innerhalb dieses medialen Zirkels bisher gemacht hatte, waren für mich noch immer unbeschreiblich. Die Tiefe der Erfahrungen, die Antworten in Meditationen, die Kontakte aus der geistigen Welt, die sich uns näherte, hatten mich voll und ganz in ihren Bann gezogen und ich war erfüllt und glücklich, mich gegen alle inneren Widerstände auf diesen Weg begeben zu haben. Bea und ich gingen nun regelmäßig jeden zweiten Dienstag zu Simone in den Zirkel. Es war zu einem der wichtigsten Termine in unserem Leben geworden. Nichts konnte uns davon abhalten, zu Simone zu fahren.

Doch eines war leider geblieben: Egal, wie wunderbar meine Erlebnisse waren, meine Zweifel an allem, was ich erfahren hatte, keimten immer wieder auf. Die Blüte der Erkenntnis öffnete sich in voller Pracht und schon auf dem

Weg nach Hause schloss sie sich wieder. Wir machten alle zusammen in diesem Zirkel unbeschreiblich schöne Erfahrungen, aber zu Hause und im alltäglichen Leben suchte ich immer wieder Erklärungen auf intellektueller Ebene. Mein Verstand sperrte sich auch nach einem Jahr Zirkelarbeit weiterhin und ich konnte mich nicht dagegen wehren.

So schön es in diesem Zirkel auch war – mir fehlten die handfesten Beweise! Ich erwartete immer noch mehr! Alles, was in meinem Kopf passierte, alle Bestätigungen von Informationen über Jenseitskontakte bis hin zu Bestätigungen von Krankheitssymptomen erfreuten mich. Für alle im Zirkel waren meine Erlebnisse Beweis genug. Für mich waren sie es bei weitem nicht. Während der Zeit im Zirkel war eine ganze Menge passiert und es gab viele Veränderungen im Privaten, im Zirkel und auch auf der Behandlungsliege mit meinen Kunden. Es hat wirklich eine Weile gedauert, bis ich verstand, wie die geistige Welt arbeitet und auf welche Weise ich kommunizieren konnte und sollte. Ich zweifelte immer wieder. Bea empfand mich manchmal als undankbar. Sie wünschte sich so sehr, auch nur annähernd meine Erlebnisse zu teilen. Ich hingegen forderte mehr und mehr Beweise.

Wieder war es Dienstag. Wir hatten uns alle im Zirkel für eine Meditation zusammengefunden. Simone leitete eine Meditation an, in der wir auf einer Bank vor einem Flusslauf saßen. Ein neuer geistiger Berater gesellte sich auf ihr Bitten zu uns. So beschrieb es Simone in der Meditation. Ich ging also mit diesem Geistwesen in der Meditation diesen Flusslauf entlang und es drehte sich zu mir um und redete auf mich ein. Ich antwortete knapp: „Ich kann nicht mit dir reden, ich soll mit dir den Flusslauf entlanggehen." Aus – basta. Ruhe im Karton. Nach der Meditation fragte uns Simone, was denn dieser Begleiter auf dem Weg berichtet hatte. Ich wusste nicht, was ich sagen sollte. Wie sollte ich mich in einer Meditation mit einem Geistwesen treffen und dann auch noch mit ihm ‚reden' können? Ich war so sehr darauf konzentriert, das Gefühl der Anwesenheit zu spüren, dass ich mich nicht auch noch mit einem Geist unterhalten konnte. Ich versuchte, daraus zu lernen. Auch wenn ich das Gehörte nicht glaubte und nicht fähig war, eine Frage zu stellen oder wenigstens den Meditationen zu folgen, war ich nun bereit zuzuhören.

Bei einem der folgenden Dienstagstreffen kam wieder einmal eines dieser Geistwesen in der Mediation zu mir. Es wollte mir erklären, wie ich mit seiner Hilfe sicher in eine Trance gleiten könne. Ich entgegnete ihm, dass ich nicht zuhöre, weil ich glaubte, bloß mit mir selbst zu reden. Ich redete und redete und versicherte meinem geistigen Gegenüber, dass ich mit mir selber redete und daher keinerlei Veranlassung sah, diesen Worten auch noch Folge zu leisten. Was für eine verrückte Situation! Er bat mich, durch eine Nebelwand zu gehen, um so in die Trance zu gleiten. Das war's. Mehr erklärte er nicht. Aber da ich überzeugt war, dass ich mir das gerade selber erzählte, gab es wirklich keine Veranlassung, diesem Rat zu folgen. Und so diskutierte ich in meinem Kopf, die Übung umzusetzen oder nicht. Bis, ja bis jemand in mir zu mir sagte: „Kanya, dann mach es doch einfach! Wenn du es dir selber sagst, kann doch gar nichts passieren. Mach es und du wirst sehen, was passiert!" DAS überzeugte mich. Jetzt würde der Beweis kommen, dass ich mir alles nur einbildete. Was sollte schon passieren?! Und so machte ich gedanklich den einen Schritt in die Wolke und stürzte geradewegs in einen leeren Fahrstuhlschacht. Ich stürze tiefer und tiefer und tiefer und schnappte nach Luft und schrie innerlich HALT!!!! Wie eine Wilde strampelte ich mich wieder hoch. Diese Wette hatte ich verloren.

In den Meditationen zu Hause wurde es teilweise sehr aufregend. Es schien mir, als hätte sich eine Tür geöffnet und ich würde mit Haut und Haaren in diese Arbeit und in die geistige Welt hineingezogen, geführt und gefordert. Ich meditierte mittlerweile mehrmals am Tag, weil diese Stille eine vollkommen neue Dimension angenommen hatte und ich erfüllt von dieser neuen Qualität und Intensität war, die ich über alle Maßen genoss. Ich fühlte mich in einer intensiven Verbindung gehalten und in eine tiefe, tiefe Trance geführt, die mir Welten eröffnete, die ich bislang so noch nicht kennengelernt hatte. Ich bekam Informationen und Impulse. Es war unglaublich und ich wollte mich unbedingt ganz schnell immer weiterentwickeln. Ich wollte alles endlich kontrollieren. Das besondere Gefühl, verbunden zu sein, war unglaublich bereichernd und berührte mich innerlich zutiefst.

Eines Morgens gegen 5.30 Uhr saß ich wieder einmal hinter unserer großen Couch auf meinem Yogakissen im Wohnzimmer und meditierte. Aus der Ruhe des Trance-Zustandes, in dem ich mich offensichtlich befand, entwickelte sich ganz langsam ein Sturm. Es wurde unruhig um mich herum. Es war, als würde draußen ein heftiges Unwetter heranziehen. Um mich herum wurde es lauter und lauter. Ich hörte und spürte plötzlich, wie ein Tornado durch unser Haus zog. Er wurde lauter und stärker und er riss vor mir die Hausmauern nieder. Ein unbeschreiblich lautes Getöse umgab mich und ich spürte, dass die Wand vor mir komplett weggerissen war. Ich hatte mich nicht getraut, die Augen zu öffnen und ich tat es vorerst auch nicht. Meine Sorge galt zu allererst meinem Sohn, der oben in seinem Bett lag und keinen Ton von sich gab. Auch er musste doch gehört haben, dass Quickborn von einem überwältigenden Tornado getroffen worden war. Ich saß immer noch im gekreuzten Sitz auf meinem Kissen, hatte die Augen geschlossen und wollte mich nicht mit dem Gedanken befassen, jetzt das Haus aufräumen zu müssen. Ich hatte die Bilder aus Amerika vor Augen, wenn ein Tornado durch ein Wohngebiet gerast war und nur zerstörte Häuserruinen hinterließ. Und dann hörte ich ein

Atmen oder ein Wimmern. Immer wieder. Es schien männlich zu sein, denn der Ton war tief und schwer. Ohne mir Gedanken darüber zu machen, was hier zu mir sprechen könnte, traute ich mich zu fragen, warum ich das hörte, bekam aber keine Antwort. So schnell diese beiden Erscheinungen kamen, so schnell waren sie verschwunden. Und ich öffnete meine Augen und konnte nicht glauben, was ich sah. Das konnte nicht wahr sein! Es war alles normal. Keine Wand war aufgerissen. Ich saß nicht im Freien und auch Rafael schlief ruhig in seinem Zimmer.

Natürlich wollte ich Simone davon berichten. Allerdings war sie für zwei Wochen im Urlaub und nicht erreichbar. Als ich sie dazu befragen konnte, war dieses Erlebnis bereits verarbeitet und nicht mehr sehr präsent. Dennoch lösten ihre Erklärungen nicht gerade Begeisterungsstürme in mir aus. Sie war davon überzeugt, dass ich zum ersten Mal die Stimme und die Energie eines Verstorbenen wahrgenommen hatte. Nicht als innere Stimme, wie ich es in Amerika erfahren durfte, sondern laut und sehr präsent. Es war definitiv ein Unterschied zu erkennen, der mich einmal mehr schockierte. Mit dieser Aussage hatte ich nicht gerechnet, und ich war nun auch nicht mehr bereit, weiterhin in den Zirkel zu kommen. Mit Toten wollte ich definitiv nichts zu tun haben. Nicht so. Plötzlich waren sie mir viel zu nahe gekommen und ich schreckte mal wieder zurück.

In den Zirkel ging ich jedoch schnell wieder. Es war undenkbar, ohne ihn zu sein. Dieser Kreis war zu einem ganz besonders wichtigen Teil meines Lebens geworden. Die Kontakte zur geistigen Welt und die Trance-Erfahrungen, in der wir die geistige Welt baten, uns näher zu kommen, uns Ruhe, Liebe und wunderbare Energie zu schenken, konnte ich nie wieder loslassen, weil sie mich mehr und mehr erfüllten.

Dann erfuhr ich auch Begegnungen ganz anderer Natur. Erst zaghaft und dann doch sehr präsent, bekam ich während der Kosmetikbehandlungen den einen oder anderen Besuch von Wesen aus der geistigen Welt – Verstorbene zeigten sich mir auf ganz entspannte Art. Während der Gesichtsmassagen in den Kosmetikbehandlungen hatte ich die Augen geschlossen und sah auf einmal Bilder von Menschen. Zu Beginn machte ich mir nicht viele Gedanken über diese Bilder. Doch wie sich herausstellte, bekam ich eindeutige Informationen, die auf verstorbene Verwandte der jeweiligen Kunden hinwiesen. Ich hatte mich entschlossen, mich nun wenigstens den Menschen gegenüber mitzuteilen, die von meiner medialen Arbeit in den Zirkeln wussten. Ich konnte bei weitem nicht allen Kunden meine Erscheinungen mitteilen. Diejenigen, die offen für das Thema waren, waren sehr dankbar, von diesen Kontakten zu erfahren, doch andere hätten mich wahrscheinlich für verrückt gehalten. Anhand meiner Beschreibungen konnten meine Kunden die

„Anwesenden" leicht identifizieren. Und so war ich erstaunt zu erfahren, dass uns verstorbene Mütter, Freunde und Verwandte besuchten. Ich habe niemals Menschen unvorbereitet mit einem Jenseitskontakt konfrontiert und durch dieses eher vorsichtige Verhalten sicherlich viele ohne eine Botschaft nach Hause geschickt. Aber ohne einen ernst gemeinten Auftrag oder dem Vertrauen, dass die Person, die mir gegenübersaß, diese Information verkraften könne, wollte ich derartige Informationen nicht weitergeben. So halte ich es auch heute noch.

Trance Sitzungen

Bevor ich von einigen besonderen Sitzungen aus meiner Praxis berichte, möchte ich dich, liebe Leser, kurz mit dem Thema „Trance“ vertraut machen. Als „Trance“ bezeichnet man einen veränderten, ruhigen Bewusstseins-zustand, in dem die geistige Welt die Möglichkeit hat, uns näher zu kommen, um uns zu begleiten, zu unterstützen, Botschaften zu übermitteln und Heilungsenergie durch uns fließen zu lassen.

In der Meditation versuchen wir hauptsächlich, in uns Ruhe zu erzeugen und Gedanken loszulassen, indem wir uns zum Beispiel auf die Atmung konzentrieren. Über die Konzentration gelangen wir sozusagen in die Meditation. In der Trance laden wir jedoch ganz bewusst die geistige Welt ein, uns bei diesem Prozess zu unterstützen. Mit etwas Übung spürt man relativ schnell, dass eine vollkommen andere Tiefe entsteht. Die Gedanken werden dir regelrecht abgenommen, während die geistige Welt dich in die Tiefe der Trance führt, wie sie in diesem Moment gut und wichtig für dich ist, um mit dir optimal zu arbeiten. Wir lassen uns in die Meditation führen, statt selber diesen Zustand hervorbringen zu wollen. Für mich persönlich ist es eine der wunderbarsten Methoden, zur Ruhe zu kommen und meine spirituelle Entwicklung zu fördern.

In diesem Zusammenhang möchte ich auch die Begriffe „Begleiter“ oder „Geistführer“ einmal genauer beschreiben: Mit unserer Geburt steht uns ein ganz besonderer Begleiter (manche nennen ihn auch Geistführer) zu Seite. Er begleitet uns in jeder Lebenslage, über mehrere Inkarnationen hinweg und ist uns somit zutiefst verbunden und darauf bedacht, Kontakt zu uns aufzunehmen. Unsererseits ist diese Kontaktaufnahme wiederum eine freiwillige Entscheidung. Wenn wir uns spirituell entwickeln, wird dieser „besondere Begleiter“ versuchen, uns näher zu kommen, sich spürbar und erkennbar zu machen. In meinen Sitzungen liegt hierauf zu Beginn der Fokus. Ich wünsche mir einen klaren und gut spürbaren Zugang. Während dieser ersten Sitzungen bedient sich dein Geistführer meiner Energie, um sich dir spürbar zu nähern. Mit dem sicheren Kontakt zu deinem Geistführer entstehen weitere wichtige Verbindungen zu unzähligen Begleitern. Diese sind unter anderem Heiler aus der geistigen Welt, Berater und Energien, die für deine Sicherheit sorgen, wenn du tief in Trance mit ihnen arbeitest.

‚Hui Tzin’ und ‚Elisabeth’, auf die ich später noch näher eingehen werde, sind zum Beispiel Berater, die ich sehr intensiv wahrnehmen kann und die sich in einer bestimmten Entwicklungsphase auch durchaus von mir trennen können, um mich anderen Begleitern an die Hand zu geben.

Du kannst es vielleicht mit deiner früheren schulischen Ausbildung vergleichen. Nach der Grundschule gibt dein Lehrer dich an einen anderen Lehrer weiter und widmet sich selbst wieder neuen Aufgaben bzw. Schülern. Der neue Lehrer führt dich dann in dieser nächsten Phase und so geht es weiter und weiter auf dem Weg. Dieser Wechsel geschieht jedoch nicht mit deinem Geistführer. Er wird immer an deiner Seite sein, dich begleiten, schützen und bestmöglich auf deinem Weg führen, wie es in der Regel Eltern tun. Auch diese sind nicht austauschbar und die wichtigsten Lehrer auf deinem Weg.

Eines Tages kam eine Frau namens Ute mit ihrer erwachsenen Tochter zu einer Sitzung zu mir. Sie berichtete von starken Rücken-schmerzen, die sie hoffte, durch die Energiebehandlung lindern zu können. Ute nahm in einem Korbsessel vor mir Platz. Ich nahm ziemlich schnell wahr, dass sie verletzt war – nicht äußerlich, sondern tief in ihrem Inneren. Diese Verletzungen rührten aus der Vergangenheit, wo ich viele Schicksalsschläge wahrnahm, die schwer an ihrer Psyche und auch an ihrem Körper nagten. Dann wurde es ganz ruhig in mir und um mich herum. Und ich nahm die Präsenz eines kleinen Jungen wahr, der an Utes Seite war. Dieser kleine Junge bat mich, seiner Mutter etwas mitzuteilen. Im ersten Moment konnte ich nur spüren, dass dieser Junge neben mir stand. Er überreichte ihr symbolisch einen Blumenstrauß und strahlte über das ganze Gesicht, dass ich ihn bemerkt hatte. Unglaublich viel Liebe durchflutete meinen Körper und ich spürte, wie sie durch mich zu meiner Klientin floss. Ich vernahm darüber hinaus seine dringende Bitte, dass Ute ihn loslassen solle. Immer wieder bat er mich darum, ihr zu sagen, dass es ihm doch gut gehe und sie sich nicht sorgen solle. Dieser Junge zeigte sich mir auf einem kleinen Fahrrad und er schien sehr fröhlich. Nachdem die Sitzung beendet war, sprachen wir über das, was ich wahrgenommen hatte. Ich erzählte Ute von meiner Begegnung mit dem Jungen. Sie erklärte mir, dass sie nicht nur eine Tochter hatte, die im Vorraum saß und ihre Mutter begleitet hatte, sondern dass sie ihr erstes Kind, diesen Jungen, im Kleinkindalter verloren hatte. Dann erzählte ich ihr von dem Blumenstrauß. Sie schien sehr gerührt und war gleichzeitig voller Freude darüber. Ich erfuhr, dass sie heute Geburtstag hatte. Ute war sehr dankbar. Sie wusste, dass es ihrem Jungen in der anderen Welt gut geht und konnte ihn in Frieden loslassen. Ihr schien gar nicht bewusst gewesen zu sein, an etwas festgehalten zu haben. Nach und nach lösten sich die Rückenschmerzen über einige Behandlungen hinweg, die nun folgten und in einer wunderschönen Harmonie und Ruhe stattfanden. Sie berichtete, dass der Verlust und das Festhalten an der Liebe sie so sehr verkrampft hatte, dass es schmerzte. Mit dem Loslassen von Schuldgefühlen lösten sich auch die Schmerzen auf.

Tennisarm

Ich möchte nun von einer Behandlung berichten, zu der mich eine Frau aufsuchte, die über Schmerzen im rechten Arm klagte. Sie war selbständige Fußpflegerin und ersuchte mich um Hilfe. Ich bat die Klientin, vor mir Platz zu nehmen und wir sprachen kurz über ihr Anliegen, bevor ich mit der Energiebehandlung beginnen wollte. Während dieses Gespräches bemerkte ich ein Zucken in ihrer linken Gesichtshälfte. Ich spürte in ihre Energie hinein und bat um Hilfe aus der geistigen Welt. Während der Behandlung fühlte ich keineswegs die Energie im Arm wirken, wie es zu erwarten gewesen wäre, sondern in der linken Gesichtshälfte. Das verwunderte mich sehr. Ich spürte, dass die Energie sich dort hinbewegte, obwohl meine Hände auf dem rechten Arm ruhten. Unmittelbar danach erhielt ich klare und präzise Informationen. Eine innere Stimme sagte mir, dass diese Frau einen stillen Schlaganfall erlitten hatte. Ich konnte kaum glauben, was ich da spürte und hörte. Die geistige Welt versicherte mir, ich sollte mich darauf verlassen, dass alles um das verletzte Hirnareal herum nun geheilt wurde. Es würde alles getan werden, dass es ihr gut ginge, aber ich sollte es sie in diesem Fall auch wissen lassen. Ich war sehr verwirrt, als ich die Behandlung beendet hatte und sie ansah. Von einem Zucken war im Gesicht nichts mehr zu sehen. Was sollte ich ihr nun sagen? In keiner Weise bin ich dazu bereit, Diagnosen oder

Vermutungen zu äußern. Ich bat sie inständig, einen Arzt aufzusuchen und ihren Kopf untersuchen zu lassen. Ich war sehr unruhig und verunsichert, was ich ihr mitteilen dürfte. Was wäre, wenn ich mich täuschte? Ich würde diese Frau grundlos verunsichern. Was wäre aber, wenn die Botschaft aus der geistigen Welt stimmte und ich sie einfach ziehen ließe? Die Dame versicherte mir, ins Krankenhaus zu fahren, nachdem ich mich dazu entschlossen hatte, ehrlich meine Informationen ihr gegenüber zu äußern. Nachdem die Ergebnisse in der Klinik ausgewertet worden waren, bestätigte man ihr, dass sie tatsächlichen einen stillen Schlaganfall erlitten hatte. Weitere Untersuchungen, die innerhalb der nächsten Tage durchgeführt wurden, ergaben, dass keine bleibenden Verletzungen um den Schlaganfall herum zu erkennen waren, so wie die geistige Welt es mir gesagt hatte.

Blasensteine

Diese geistige Heilsitzung, von der ich nun berichten möchte, ist für mich nach wie vor etwas ganz Besonderes und ein Beweis für ungeahnte Möglichkeiten.

Ich bekam Besuch von einer Frau von etwa 35 Jahren. Ich kannte sie aus einer Yogagruppe und wusste von verschiedenen kurzen Unterhaltungen mit ihr, dass sie in ihrem Leben schon viele sensitive Erfahrungen gemacht hatte. Als ich mich mit ihrer Energie verband, konnte ich wahrnehmen, dass es eine Abtreibung gegeben hatte und dies mit den Blasensteinen im Zusammenhang stand, wegen der sie mich aufgesucht hatte. Das konnte sie bestätigen. Wir tauchten gemeinsam in eine unbeschreiblich tiefe Trance ein, hatten Zeit und Raum vollkommen verloren und kamen nach etwa 40 Minuten aus der Trance gemeinsam zurück. Für uns beide war es zu diesem Zeitpunkt eine sehr schöne, jedoch nicht spektakuläre Erfahrung. Nach einer Tasse Tee verabschiedeten wir uns voneinander und ich begleitete sie zur Tür. Sie wollte gerade ihre Schuhe wieder anziehen, als sie stutzte. In den Schuhen lagen zwei Steine, die jeweils etwa die Größe eines Kirschkernes hatten. Sie sagte selber, dass sie ganz sicher nicht mit diesen Steinen in ihren Schuhen hierhergekommen war. Meine Kundin hat leider diese beiden Steine mit nach Hause genommen. Es wären ja vermutlich ihre Blasensteine, sagte sie lächelnd. Sie rief mich einige Tage später an, um mir mitzuteilen, dass nach der Behandlung sehr starke Blutungen einsetzten, gerade so, als befände sich ihr Körper nach dem Ausscheiden der Steine in einer Art Reinigungsprozess. Die Blasensteine, bestätigte ihr behandelnder Arzt, waren nicht mehr da.

Hausbesetzung

Während eines Besuches bei einer Freundin erzählte sie mir folgende Begebenheit: Ihre Tochter, damals vier Jahre alt, kam eines Abends, als sie schon längst schlafen sollte, wieder zu ihr ins Wohnzimmer. Sie weinte und war sehr aufgeregt. Das kleine Mädchen meinte leuchtende Punkte zu sehen; ganz egal, wo sie hinsah, würden diese Punkte auftauchen. Ich ahnte, dass es sich um nicht-irdische Wahrnehmungen handeln musste. Ihr Mann, der an solche Dinge nicht glaubte, versuchte die Tochter zu beruhigen und sagte, es handele sich bestimmt um das Phänomen, das auftaucht, wenn man zu lange in eine Kerze oder andere Lichtquelle schauen würde, denn sie sah die Lichter auch, wenn sie die Augen schloss. Meine Freundin hatte das Mädchen schon oft ängstlich erlebt, besonders in ihrem Kinderzimmer. Dort fühlte sie sich schon seit jeher ängstlich, besonders an der Stelle, an der ihr Bett stand. Oft schaute sie an die Decke und gruselte sich. Sie wollte unbedingt in ein anderes Haus ziehen. So ängstlich und aufgebracht wie an jenem Abend hatte sie ihre Tochter allerdings noch nie erlebt. Es war den Eltern nicht möglich, sie zu beruhigen. Irgendwann schlief sie erschöpft vom Weinen im Bett ihrer Eltern ein. Das Einfamilienhaus, in dem die Familie lebte, entstand in den 1960iger Jahren, und irgendwann hatte es dort einen Todesfall durch Suizid gegeben. Ein Mann sollte sich dort umgebracht haben. Genaues wusste meine Freundin aber nicht zu berichten. Ich kam vorbei, um mir das Zimmer anzusehen – ohne Hoffnung, etwas wahrnehmen zu können, denn ich hatte niemals zuvor eine sogenannte „Hausbesetzung durch Geister“ gespürt, erlebt oder anderweitig damit zu tun gehabt. Ich betrat das Zimmer der Tochter und sprach mit meinem Geistführer. Ich bat ihn, mir Bilder zu zeigen. Unmittelbar spürte ich über dem Bett der Tochter eine tote Frau, erhängt. Sie hing dort schon etwas länger, das konnte ich ganz klar wahrnehmen! Ich spürte die Traurigkeit, spürte die Gefühle des Verlassenseins, spürte deutlich eine Frau, nicht einen Mann. Ebenso konnte ich die Energie einer älteren Tochter der Toten wahrnehmen, die ihre Mutter erhängt auffand. Ich stellte mich in den Raum und dehnte meine Energie aus, wie ich es in meiner Arbeit immer tat, um gute „Anbindung“ an die Energie meiner Begleiter zu erfahren und bat sie um Unterstützung in dieser Angelegenheit. Ich berichtete meiner Freundin von meinen Wahrnehmungen. Sie informierte sich in der Nachbarschaft und erfuhr, dass sich dieser Vorfall vor ca. 35 Jahren ereignet hatte. Eine ältere Nachbarin bestätigte meine Wahrnehmung, dass es sich um eine Frau handelte, deren Mann sie verlassen hatte. Sie litt schrecklich unter der Trennung und wurde nach ihrem Suizid von ihrer Tochter aufgefunden.

Keine zwei Wochen später berichtete mir meine Freundin folgenden Vorfall: Sie verabschiedete morgens ihren Mann gegen vier Uhr an der Tür und legte sich zum Schlafen ins Bett zurück. Auf einmal spürte sie an ihrer rechten Körperseite eine ungeheure Kälte. Sie schloss die Augen und versuchte zu schlafen. Plötzlich hörte sie ein Toben vor dem Schlafzimmerfenster. Der Wind blies stark, Windböen, ein lautes unwirklich heftiges Geräusch war im Schlafzimmer wahrzunehmen! Ein tosender Sturm! Sie riss die Augen auf! Es war stockdunkel, ihr Herz raste, Und sie meinte erst, es wäre wohl doch nur ein Traum gewesen. Erleichtert schloss sie wieder die Augen, hörte dann aber eine Frauenstimme, die sie anschrie: „Werde jetzt endlich wach! Werde jetzt endlich wach!" Sie nahm es als ein grausames, lautes Geschrei wahr und war zu Tode erschrocken! Ihr Blick wanderte durch das Schlafzimmer zur Haustür, die sich direkt gegenüber befand. Sie sah eine Frau mit langen blonden Haaren, die durch die oberste Ecke des Flures mit einem lauten saugenden Geräusch „herausgezogen" wurde. Danach war alles still. Meine Freundin war davon überzeugt, dass die verstorbene Frau wollte, dass sie ihren Abschied sah. Danach war für immer Ruhe bei ihrer Tochter! Allerdings sieht die Tochter seit diesem Tag täglich ihren Schutzengel. Sie kann ganz deutlich die Gestalt wahrnehmen, die sie beschützt und vor der sie sich überhaupt nicht fürchtet.

Weitere Geschehnisse im Zirkel

Ich möchte noch einmal zurückkommen auf die Zeit unserer Zirkel mit Simone. Wir hatten gerade erst einige Male zusammen in dem Zirkel mit unseren „Dienstagsfrauen“ gesessen. Simone hatte an diesem Abend ihre Freundin Jenny eingeladen und man erzählte uns, dass beide seit vielen Jahren eine mediale Gruppe besuchten. Simone erklärte uns kurz, dass Jenny nun in Trance gehen und dann die „geistige Welt“ durch sie sprechen würde. Ich hatte keinerlei Vorstellung, was mich erwartete und war voller Vorfreude, etwas ganz Besonderes erleben zu dürfen. Jenny saß in unserem Zirkel rechts neben mir. Sie schloss die Augen und verzog in dieser Entspannung mehr und mehr das Gesicht, als sie tiefer in Trance glitt. Wir blickten alle in großer, freudiger Erwartung in ihre Richtung. Und tatsächlich fing sie plötzlich in dieser Ruhe an zu sprechen. Oder besser gesagt: ES sprach aus ihr heraus. Die Worte kamen anfangs recht schwerfällig. Eine männliche Stimme sprach aus ihr und ein anderer Gesichtsausdruck war an ihr festzustellen. Ich habe mich so sehr erschrocken, denn alles im Raum fühlte sich plötzlich vollkommen verändert an. Das, was wir hier erleben durften, war auf keinen Fall eine gestellte Inszenierung, das konnte man sofort sehen und auch spüren. Ich zweifelte keine Sekunde daran, dass hier etwas vollkommen Unglaubliches stattfand und ich wollte im ersten Moment am liebsten den Raum verlassen. Ein regelrechter Fluchtinstinkt setzte unmittelbar ein. Ich konnte leider keinen Blick der anderen Damen auffangen. Ich versuchte vergebens Kontakt zu irgendjemandem aus unserem Kreis aufzubauen. Alle klebten an den Lippen meiner Nachbarin und hörten ihr fasziniert zu. Ich versuchte, einen klaren Gedanken zu fassen und etwas sprach zu mir: „Kanya, deswegen bist du hier. Du wolltest und sollst Erfahrungen machen. Beruhige dich, beruhige dich, beruhige dich!“ Und ich beruhigte mich tatsächlich. Und nicht nur das. Ich war plötzlich zutiefst berührt. Der Wunsch, der geistigen Welt einmal selbst meine Stimme zu leihen war entfacht. Und mit diesem tiefen Wunsch begab ich mich jetzt auf eine Reise zu mir.

„Elisabeth“

Dieses Kapitel liegt mir ganz besonders am Herzen. Denn hier versuche ich etwas eigentlich Unmögliches: zu beschreiben, was dieses Geistwesen namens Elisabeth für mich bedeutet. Ich bin sehr berührt, wenn ich an sie denke und unseren Weg Revue passieren lasse. Neben Elisabeth gibt es natürlich viele geistige Begleiter an meiner Seite. Doch ihr fühlte ich mich vom ersten Moment an besonders verbunden.

Mein erster Kontakt zu Elisabeth ergab sich während einer Meditation bei Simone im Zirkel. Ich nahm in dieser Meditation die Energie und das Bild einer jungen Nonne wahr. Sie zeigte sich mir in ihrem Gewand, wie man es im Zweiten Weltkrieg im Lazarett trug. Sie ließ mich spüren, dass ihr Rosenkranz eine sehr große Bedeutung für sie hatte. Es war das erste Mal, dass ich „in einer Meditation“ ein klares Bild von einer Person sah, nachdem Simone einen Begleiter für uns eingeladen hatte und wir in dieser entspannten Atmosphäre Bilder oder Worte empfangen sollten. Elisabeth sollte nun häufiger in Meditationen auftauchen. Für mich war es ein wunderbares Bild und entsprang vielleicht meiner Fantasie. Da ich sie jedoch nun immer häufiger spürte, baute sich ein emotionales Band zu ihr auf und ich fühlte mich wohl, wenn ich sie spüren durfte. Sie war auf gewisse Weise immer da. Ich konnte sie immer spüren, sobald ich an sie dachte – auch außerhalb der Meditation und des Zirkels. Ihre Liebe und ihre Präsenz waren für mich später fast selbstverständlich. Ich hatte überhaupt nicht das Bedürfnis, irgendjemandem mitzuteilen, dass ich diese Präsenz spürte – außer Bea natürlich. Bea und ich waren mittlerweile ein Jahr in Simones Zirkel, als wir die Möglichkeit bekamen, ein englisches Medium zu treffen. Der private Zirkel, den Simone seit Jahren besuchte, wurde von einem Mann namens Bert geleitet. Von ihm wurde Victor, das englische Medium, nach Hamburg eingeladen. Victor war ein älterer, vertrauenserweckender Mensch, dem wir an einem Abend im Zirkel begegnen durften. Nachdem Victor sich und seine Arbeit vorgestellt hatte, begannen wir mit einer einleitenden Meditation und direkt im Anschluss mit einer ersten Übungseinheit. Drei Personen aus dem Zirkel nahmen vor uns auf der Couch Platz und wir anderen Teilnehmer beobachteten, was nun geschah. Durch eine Dame redete bereits nach wenigen Minuten ein Wesen aus der geistigen Welt - in einer anderen Sprache. Fast jede Frau, die sich zur Trance uns gegenüber auf die Couch begab, redete in Trance. Mal waren die Durchsagen lustig, mal ernsthaft oder philosophisch. Mehrere Wesen sprachen durch die Damen. Ich war zutiefst beeindruckt und einfach nur glücklich, dies erleben zu dürfen. Und nun durfte ich mit zwei anderen Damen auf der Couch Platz nehmen. Ich erwartete, gar nicht beachtet zu werden, denn diese zwei Damen, die jetzt links und rechts neben mir Platz nahmen, hatten viele Jahre Zirkelerfahrung vorzuweisen. Ich wollte einfach nur diese Energie aufnehmen, die mir nun auf der Couch zuteilwerden sollte – und mein Herz schlug mir wortwörtlich bis zum Hals. Was ich anfänglich als Aufregung verstand, beruhigte sich jedoch nicht. Der Herzschlag wurde stärker und ich schnellte in die Trance. Kurz darauf wurde es ruhiger in mir und um mich herum. Ich konnte hören, dass das englische Medium über mich sprach und auch die anderen Teilnehmer bei mir etwas wahrzunehmen schienen, das ich in diesem Moment nicht wahrnehmen konnte. Ich spürte nur, dass die Aufmerksamkeit aller im Kreis ausschließlich mir galt.

„Oh, Kanya ist ja eine Heilerin", sagte Victor an Bert gerichtet.

„Bert, siehst du die Nonne an ihrer Seite?"

„Ja".

Bert konnte sie ebenfalls sehen. Und nun redeten sie mit ihr. Sie redeten mit meiner Elisabeth und ich konnte sie plötzlich so intensiv spüren wie nie zuvor. Eine Welle der Emotionen durchströmte mich und mein Körper fing an, sich kontrolliert zu bewegen. Ich bewegte mich zu Victor und Bert hin. Oder besser gesagt, mein Oberkörper bewegte sich. Ein Austausch von Gedanken und Gesten fand durch meinen Körper statt. Elisabeth ließ mich spüren, wie sehr sie sich freute, dass ich sie wirklich wahrnahm und es nicht mehr nur ein Gedanke war. Mein Herz sprühte vor Liebe zu Elisabeth. Ich war voller positiver Energie, Freude und unbändiger Liebe. Es gab doch tatsächlich Menschen, die Elisabeth sahen! So, wie ich sie wahrgenommen hatte. Elisabeth war wirklich an meiner Seite, ich durfte meinen Wahrnehmungen aus dem vergangenen Jahr vollends vertrauen. Doch plötzlich sackte ich auf dieser Couch zusammen. Ich hatte plötzlich das Gefühl, als wäre eine schwere Last auf mich gefallen. Über mir wurde es schwerer und schwerer. Man bat mich, aus der Trance zurückzukommen, und ich war irgendwann in der Lage zu beschreiben, dass sich dieses Gewicht auf meinem Rücken befände. Ich konnte mich jedoch nicht aufrichten. Victor bat Elisabeth, einen Schritt zurückzutreten und beschrieb mir, dass Elisabeth ihre ausgebreiteten Arme um mich gelegt hatte. Er bat sie, diese nun wieder zu öffnen und ich konnte mich unmittelbar aufrichten. Ich öffnete die Augen und die Gruppe starrte mich an. Simone zwinkerte mir stolz zu und alle anderen wirkten ziemlich verwundert. Simone fragte, ob jemand einen Fotoapparat zur Hand hätte, um „ES" zu fotografieren, bevor es verschwand.

Was war „ES", das hier fotografiert werden sollte und wieso starrte man mich hier gerade so an? Dass Elisabeth hier war, war für mich eine Sensation. Für die Gruppe dürfte das nicht annähernd so spannend gewesen sein wie für mich. Dennoch stand ich immer noch im Fokus und ich hatte noch immer keinen blassen Schimmer, warum. Und dann verschwand „ES" langsam, das mit dem Foto habe sich gerade erübrigt, hieß es! Die Gruppe berichtete mir, dass sich an meinem Hals sogenannte „Tubes" geöffnet hätten. Diese zeigen sich durch eine besonders hohe Energie in diesem Bereich, aber auch durch eine rote Färbung der Haut links und rechts am Hals. Victor erklärte mir, dass diese „Tubes" „physikalische Energien" zeigten. Einzelheiten sollte ich in jenem Moment aber nicht erfahren, da wir uns nun auch über die Erlebnisse der anderen Damen austauschten, die mit mir auf der Couch saßen. Nachdem alle in diesem Zirkel diese 3-er-Sittings abgeschlossen hatten, kam Victor noch einmal auf mich zu sprechen. Er spürte, dass er mich mit unendlich vielen Fragen zurückgelassen hatte.

Victor erzählte mir von einer Séance in England, die er mit einem physikalischen Medium erlebt hatte. Ich weiß nicht einmal, ob ich das wirklich richtig verstanden habe. Er berichtete uns, dass er sich in einem Zirkel jenem Medium gegenüber platziert hatte, das über diese besonderen Kräfte verfügen sollte. Alle Teilnehmer saßen um einen Tisch herum. Dieses Medium saß am Kopfende des Tisches und hatte die Arme an den Lehnen seines Sessels fixiert. Alleine bei diesem Gedanken gruselte es mich ungemein. Gefesselt am Sessel, es war dunkel im Raum, auch das hatte Victor berichtet. „Kann er nicht schneller reden", dachte ich ungeduldig. Er holte so fürchterlich weit aus und ich konnte die Anspannung in mir kaum noch ertragen, denn schließlich betraf das Thema auch mich. Die

Gruppe, so berichtete Victor weiter, baute an diesem Tisch die Energie für das physikalische Medium auf. Und ganz langsam konnten die Teilnehmer in dem Raum erleben, wie sich auf dem Tisch an einer Ecke die Energie verdichtete. Man habe das wirklich sehen können, erzählte er. In der Ecke, in der sich die Energie mehr und mehr ballte, bildete sich eine Hand, die sich bewegen konnte. Wie gruselig war das denn? Ich würde niemals im Dunklen in einem Raum sitzen und solch eine Form von Energie aufbauen. Wozu sollte das gut sein? Hände aus der geistigen Welt bilden ... Ich war wieder an dem Punkt angelangt, den Raum verlassen zu wollen. Ich war erneut aus meiner Komfortzone herausgerissen worden. Weiter als zu Elisabeth wollte ich nicht. Vielleicht würde ich irgendwann gerne sprechen wollen, in Trance. Für oder mit Elisabeth. Aber ich wollte definitiv keine Hände aus den Tischen hervorzaubern.

Der nächste Tag dieses Workshops hielt eine weitere Überraschung für uns bereit, die mit einer beeindruckenden Erfahrung einer anderen Teilnehmerin zu tun hatte. Diese Teilnehmerin stand an einer Behandlungsliege, die für diesen Tag aufgebaut wurde. Wir übten „Heilung mit Hilfe der geistigen Welt“. Die Dame, von der ich hier berichten möchte, begann mit ihrer Heilarbeit. Sie erschien mir überaus souverän und hatte diese Art der Heilung scheinbar schon hunderte Male praktiziert. Plötzlich bewegte sie sich heftig und unkontrolliert, wie ich fand. Sie fing an, indianische Lieder zu singen und es sah aus, als fuchtelte sie mit einer Feder oder so etwas Ähnlichem wild über ihrer Patientin herum. Einerseits hätte ich aufschreien können vor Lachen, denn das war ein wirklich lustiges Bild. Andererseits war ich froh zu sehen, dass ich im Vergleich nur mit Nebenerscheinungen wie meinem wackeligen Stand zu tun hatte. So wollte ich nicht von meinem Heiler, der mich begleitete, bedient werden. Und niemals könnte ich mich von so einer Heilerin behandeln lassen, dachte ich. Die Menschen würden sich schier vor Lachen schütteln und den Heiler nicht ernstnehmen.

Victor beendete die Heilsitzung und bat diese Frau, auf der Couch Platz zu nehmen. Alle Teilnehmer/-innen saßen vor ihr, und Victor bat die Dame um ihr Einverständnis, diesen Heiler aus der geistigen Welt zu ersetzen. Und damit meinte er wirklich, diese geistige Begleitung oder auch Heiler regelrecht auszutauschen. Und er ersetzte nicht nur den Heiler, sondern so, wie ich es verstand, auch den Geistführer. Er verband sich mit der Energie dieser Frau. Wir alle spürten den Moment, als dieser Guide sie verließ. Unmittelbar war eine vollkommene Leere an ihr zu sehen und zu spüren. Einige Momente saß sie uns ohne den Schutz ihres Begleiters gegenüber und brach weinend zusammen. Erstaunlich war, dass wir alle diese Leere wirklich spüren konnten. Nun näherte sich ein neuer Begleiter, der seiner Aussage nach schon seit einer langen Zeit neben ihr stand und sich erst jetzt ihrer annehmen konnte. Alles an ihr veränderte sich unmittelbar. Sie strahlte, wurde stark und es umgab sie plötzlich eine wunderschöne Aura. Ich war sprachlos darüber, was ich gerade erlebte. Ihre Trance und ihre Heilbehandlungen hatten sich danach vollkommen verändert. Es war ruhig und sehr harmonisch um sie. Zweifellos fühlte sich sie nun sehr wohl und wir durften im Anschluss daran noch eine wunderschöne Heilsitzung durch sie erleben.

Elisabeth konnte nicht bleiben

Etwa ein halbes Jahr nachdem ich Elisabeth bei Victor so intensiv spüren durfte, besuchte ich einen weiteren medialen Workshop in Hamburg. Es war wieder ein englisches Medium angereist. Ein sehr sympathischer Mann leitete diesen Zirkel in einem separaten Raum eines kleinen Cafés in Hamburg Eppendorf. In diesem Workshop ging es ausschließlich darum, Verstorbenenkontakte beweiskräftig herzustellen. Wir übten den ganzen Tag in Partnerübungen mit unserem Gegenüber. In einer Übung teilte mir der Herr, der mir nun gegenüber saß, mit, dass er einen neuen Begleiter an meiner Seite sehe. Sein Name sollte in etwa „HUI TSIN" lauten. Ich konnte mit der Information erst einmal nichts anfangen, aber ich konnte es natürlich auch nicht abstreiten. Das waren wieder diese Eventualitäten, die mir suspekt waren. Wieso auch sollte ich nun einen neuen Begleiter bekommen? Ich fand das seltsam und schob diese Vorstellung erst einmal beiseite, um mich weiter auf den Workshop konzentrieren zu können. So übten wir über den Tag hinweg Jenseitskontakte mit fremden Menschen, denn wir kannten uns ja alle nicht. Es war sehr erstaunlich, was für präzise Angaben man machen und ziemlich genau beschreiben konnte, wie verstorbene Verwandte sich zeigten, was sie mitteilen wollten, welchen Beruf sie ausgeübt hatten etc.

In der Abschlussrunde des Tages ging es noch ein letztes Mal darum, zu schauen, ob jemand aus dem Zirkel für irgendeine Person in dieser Runde eine Durchsage habe. Ich hatte nichts bekommen, das ich irgendjemandem hätte mitteilen können, doch eine Frau stand auf und drehte sich mit folgender Durchgabe direkt zu mir um: „Ich habe hier eine Frau. Eine Nonne zeigt sich mir." Wow, ich strahlte über das ganze Gesicht und freue mich wie eine Schneekönigin. Meine Elisabeth war wieder da! Klar, ließ sie sich diese Chance nicht entgehen, um mich zu begrüßen, dachte ich. „Sie sagt, sie ist dir sehr nahe", holte diese Frau nun aus. Ich konnte ihr vollkommen zustimmen und wollte voller Freude hören, was sie Schönes zu sagen hatte. Sicherlich war Elisabeth ganz stolz auf mich, dass ich immer noch diesen Weg ging und ich sie nun noch mehr spürte. Vielleicht freute sie sich auch, dass ich begonnen hatte, einen Rosenkranz um den Hals zu tragen, um ein kleines Symbol meiner Verbindung zu ihr bei mir zu wissen. Vor lauter Freude konnte ich den Worten der Frau kaum folgen. „Ich soll dir sagen, dass sie jetzt gehen muss ...", hörte ich mit einem Ohr und grinste noch immer, weil ich überhaupt nicht verstanden hatte, was diese Frau da gerade sagte. Wie? Wer muss gehen? Sie fing doch gerade erst an zu reden? Ich musste sie missverstanden haben und lächelte etwas gequält. „Ich soll dir alles Gute wünschen, aber für deine weitere Entwicklung hast du jetzt einen neuen Begleiter bekommen. Ich soll dir sagen, dass sie stolz auf dich ist und dich an eine kräftigere Hand weiterreichen wird." Mein Herz zersprang in tausend Teile und ich spürte tatsächlich unmittelbar, wie sie mich verließ. Erst jetzt hatte ich bemerkt, dass ich sie „immer" spürte. Und nun war sie weg, woraufhin mich ein unangenehmes Gefühl der Leere befiel. „Du sollst nicht traurig sein, aber sie kann dir jetzt nicht weiterhelfen, da du auf einer neuen Stufe angelangt bist und sie deine Hand weiterreichen muss." Ich weinte erbärmlich. Ich gab mich meiner Trauer vollkommen hin. Mir war völlig egal, was die Menschen hier von mir dachten. Ich konnte spüren, dass Elisabeth weg war. Ich fühlte mich völlig allein gelassen und weinte mindestens 20 Taschentücher voll, bis der Zirkel sich aufgelöst hatte und ich nach Hause fuhr.

Nun sollte ich mich an „HUI TSIN" gewöhnen. Schon nach kürzester Zeit bewies er, dass ich mit ihm einen durchaus kräftigen Begleiter an meiner Seite hatte, der mir sehr präzise Informationen übermittelte. Ein inniges Band, wie ich es zu Elisabeth gespürt hatte, konnte ich allerdings nie aufbauen. Es war etwas ganz Besonderes, sodass ich eines Tages einige Abschiedsworte verfasste, die ich hier gern teilen möchte, um Elisabeth noch einmal zu ehren:

LIEBSTE ELISABETH!

TAUSEND DANK FÜR UNSERE GEMEINSAME ZEIT, DIE ETWAS GANZ BESONDERES FÜR MICH WAR. DU WIRST IMMER EINEN GROSSEN PLATZ IN MEINEM HERZEN HABEN.

DIE ENTWICKLUNG MIT DIR AN MEINER SEITE WAR DIE WICHTIGSTE ZEIT IN MEINEM LERNPROZESS UND ICH DANKE DIR VON GANZEM HERZEN FÜR ALLES, WAS DU MIR GESCHENKT HAST.

ICH LIEBE UND VERMISSE DICH SO SEHR!

Deine Kanya

Meine Heilung 11.11.2011, 11.11 Uhr

Es war im Herbst 2011, als ich eines Morgens plötzlich einen dunklen Leberfleck auf meiner linken Schulter bemerkte, welcher uneben und in der Mitte fast schwarz war. Mit einem mulmigen Gefühl ging ich zum Hautarzt in die Not-Sprechstunde. Ich konnte auf gar keinen Fall vier oder fünf Wochen auf einen Termin warten. Eine ungewöhnliche Unruhe umgab mich, als der Hautarzt mir einen Operationstermin für den kommenden Morgen offerierte. Auf dem Heimweg hatte ich das Gefühl, dass mich viele Worte aus der „geistigen Welt" erreichen wollten. Diese Unruhe und diese Erwartung vieler Worte, die sehr eindringlich wirkten, veranlassten mich, genau hinzuhören. Ich bekam immer wiederkehrende Sätze und Warnungen. Es waren fast Hilferufe, die ich schwer einzuschätzen vermochte. Ich konnte mir nicht vorstellen, dass die geistige Welt „meine" Hilfe bräuchte, um mich zu heilen. Aber genau so schien es mir. Unter anderem wurde mir immer wieder gesagt, dass der Schnitt, der den Leberfleck entfernen sollte, sehr tief sein solle. Sehr, sehr tief. Das solle ich unbedingt beherzigen. Was sollte ich damit anfangen? Und wie sollte ich so etwas bloß einem Arzt mitteilen? „Mein Geistführer sagt…"?

Ich saß am nächsten Morgen dem Hautarzt gegenüber und versuchte zu vermitteln, dass er bitte tief schneiden solle, weil ich überhaupt nicht eitel wäre, so versuchte ich es zu erklären. Dass dies Informationen waren, die mein Geistführer mir ins Ohr flüsterte, konnte ich ja nicht sagen. Drei Tage nach dem Eingriff würde das Ergebnis vorliegen, welches ich bitte telefonisch erfragen sollte. In fünf Tagen bat er mich zur Kontrolluntersuchung in der Praxis zu erscheinen. Ich wurde bombardiert von Bitten und Verboten meiner Begleiter. Ich wurde gebeten, „nicht" anzurufen. „Wir sind noch nicht fertig", hörte ich diese innere Stimme immer wieder zu mir sprechen. Ich sollte auf keinen Fall meinem Mann und meinem Sohn von Operation und der Gefahr berichten. Sie bräuchten all meine Kraft, um „nur" die Heilung zu senden, die ICH im höchsten Maße benötigte. Ich war verunsichert und spürte, dass die geistige Welt mich in jeder erdenklichen Situation in einen tranceähnlichen Zustand versetzte und starke Energien durch mich flossen. Ich war nicht in der Lage, neben meiner Arbeit mit meinen Kundinnen auch noch den Haushalt zu führen, zu kochen, zu waschen oder mich um unseren Hund zu kümmern. Ich war praktisch in jeder freien Minute außer Gefecht gesetzt und döste nur vor mich hin. Es war das allererste Mal, dass ich mich an jedes Wort hielt, das ich empfing. An fast jedes Wort zumindest. Ich spürte eine permanente Präsenz und vor allem spürte ich meine und „ihre" Angst. Ich hielt meine Antennen weit geöffnet. Ohne Fragen zu stellen, waren meine Männer für mich da. Bekochten und verwöhnten mich, ohne nachzuhaken, woher meine Lethargie herrührte, die ich nicht hätte beschreiben können. Unsere Dalmatiner-Hündin Lucy schenkte mir besonders viel Nähe. Sie war praktisch immer um mich herum und kroch sogar nachts unter meine Decke, was sie üblicherweise nicht tat. Ich ließ einfach alles geschehen, denn ich hatte unglaubliche Angst. Während dieser Zeit bildete sich an Lucys Kopf ein Tumor, der nun operiert werden musste. Mein Mann kümmerte sich darum. Ich hatte mich sehr zurückgezogen und all dies nur am Rande wahrgenommen. Ich wunderte mich, dass meine Männer mich nicht wachrüttelten und fragten, was mit mir los sei. Nach drei Tagen bat mich die geistige Welt erneut, bloß nicht das Ergebnis der Untersuchung einzuholen. Auf keinen Fall sollte ich in der Praxis anrufen! „Wir sind noch nicht fertig!“ – Das waren die Worte, die ich immer wieder hörte. Sollte ich wirklich weiterhin warten? Ich hörte nur dieses eine Mal während dieser Phase nicht auf den Rat meiner Begleiter und rief in der Praxis an. Die Ärztin wunderte sich, dass das Ergebnis noch nicht in meiner Akte notiert war und man bat mich, am Nachmittag nochmal anrufen. DAS tat ich nicht. An Tag Fünf ging ich in die Hautarztpraxis zur Kontrolle und wurde mit der Nachricht überrascht, dass das Ergebnis noch immer nicht vorläge. „... aber es sieht nicht gut aus, das muss ich Ihnen leider sagen“, äußerte eine Ärztin mir gegenüber. Ich machte mir die größten Sorgen. Was ist mit meinem Mann, meinem Kind? Was wäre, wenn ...? Und ausgerechnet jetzt, wo ich langsam anfing, zu glauben? Das machte doch alles gar keinen Sinn!

Und dann war es wieder Dienstag: Zirkelabend mit unseren Dienstagsfrauen - einen Tag vor dem Arzttermin, an dem ich die Diagnose erhalten und die Fäden gezogen werden sollten.

Unsere Dalmatinerhündin Lucy erholte sich nur sehr schwer von dem Tumor-Eingriff. Sie spuckte, hatte starken Durchfall und man sah, dass es ihr sehr schlecht ging. Rafael und Henry waren nicht zu Hause und ich hatte unseren Zirkelabend in all der Unruhe vollkommen vergessen. Bea stand vor der Tür, um mich abzuholen. Natürlich würde ich mit ihr zu unserem Treffen unserer Dienstagsfrauen fahren wollen. Es hatte in den vergangenen zwei Jahren nicht einen einzigen Zirkelabend gegeben, den ich versäumt hatte, und so fuhren wir auch an diesem Tag. Ich hatte nicht mal darüber nachgedacht, zu Hause zu bleiben, um mich um unsere Hündin zu kümmern. Als wir dort ankamen, wurde mir bewusst, dass ich das arme Tier in ihrem elendigen Zustand alleine gelassen hatte und wäre am liebsten wieder nach Hause gefahren. Doch das konnte ich Bea nicht antun, die zudem davon überzeugt war, dass es für mich ein wichtiger Abend werden würde. Als wir bei Simone ankamen, wollte ich sofort von ihr wissen, was für ein Gefühl sie habe und welche Durchsage sie zu meiner gesundheitlichen Situation von ihren Begleitern erhielt. „Es ist ganz schlimm, aber alles wird gut!“ Das hatte ich schon mal gehört. Wortwörtlich hatte ich diese Worte öfter von meinen Begleitern gehört und nichts damit anfangen können. Wir sechs Frauen setzten uns in unseren Zirkel, meditierten über unsere Chakren. Aber etwas war heute anders. Es war eine völlig andere Meditation und dann ging mein Geist seine eigenen Wege. Das spürte ich. Ich verfolgte nicht mehr das, was Simone ansagte. Ich nahm wahr, wie mich jemand aus der geistigen Welt an die Hand nahm und auf einer Ebene „parkte“, auf der er mich einen mächtigen Energieschub spüren ließ. Ich hatte das Gefühl, hier auf dieser „Ebene“ auf etwas vorbereitet zu werden. Es baute sich mehr und mehr Energie auf und kurz darauf hatte ich das Gefühl, als würde ich eine weitere Stufe nach oben gehoben. Hier passierte Unglaubliches. Ich muss wirklich irgendwo ganz weit, weit oben gewesen sein, was auch immer das heißen mag, und es war alles andere als friedlich dort oben. Ich nahm Wesen wahr, die keine Form oder Gestalt hatten. Ich spürte nur eine Art Energie, die sicherlich sehr „lichtvoll“ war. Ich sah keine Engel oder Geistführer, wie man es sich vorstellt. „Sie“ waren einfach nur da und ich hatte das Gefühl, ich läge vor ihnen auf einer Liege. Mein persönlicher Begleiter hielt mich an einer Art Stromkabel fest, das mich mit irgendetwas verband. Entweder mit der Erde oder einer Energie, die mich dort oben hielt. Ich habe keine Ahnung, was es war. Ich kann nur beschreiben, was ich fühlte und wie ich es in diesem Zustand wahrgenommen habe. Und dann waren plötzlich ganz viele Stimmen um mich herum. Sie waren überhaupt nicht so, wie ich es erwartet hätte. Es war nicht sanft und ruhig und friedlich. Nein, ich spürte auch hier oben Panik und folgende Worte:

„... macht schnell, sie ist gleich wieder weg ...“

„... macht schnell, sie ist gleich wieder weg ...“

Immer wieder hörte ich diesen Satz! Und ich fühlte mich wie einbalsamiert. Mit einem Ruck holte es mich wieder auf den Boden zurück und ich weinte, da sich dieser Energiesprung sehr brutal anfühlte. Von einer Leichtigkeit zurück in diese Schwere des Lebens. In diese Angst.

Am nächsten Morgen musste ich rechtzeitig in Hamburg beim Hautarzt sein. Unserem Hund ging es heute noch schlechter als tags zuvor und ich war allein zu Hause. Vor Beginn der Tierarzt-Sprechstunde stand ich mit Lucy vor der Tür. Ich war in Zeitnot, denn ich hatte heute den Gesprächstermin mit der Hautärztin. Lucy wurde mit einer Infusion versorgt und bekam erst einmal zur Überbrückung kräftige Vitaminbomben. Ich saß nun ziemlich unruhig im Wartezimmer der Hautarztpraxis.

„ ... das ist jetzt eure letzte Chance, da hinten ist der Computer ... bitte macht irgendetwas, damit ich hier friedlich wieder rausgehe!“ Darum bat ich, bevor ich in das Behandlungs-zimmer gerufen wurde, in dem mich sofort der Blick auf die Tisch-Uhr fesselte: Es war der 11.11.2011 um 11.11 Uhr, als die Ärztin hinter mich trat. In diesem Moment fühlte ich mich begleitet und beschützt. Ich war mir sicher, dass mir nichts geschehen konnte. Und dieses Datum sollte ich nie wieder vergessen. Strahlend und gleichzeitig fassungslos sagte die Ärztin dann zu mir: „Machen Sie eine Flasche Champagner auf! Sie hatten den aggressivsten schwarzen Hautkrebs. Aber alles ist gut. Sie hätten nicht einen Tag später zu uns kommen dürfen ...“ Voller Dankbarkeit und Vertrauen verließ ich den Raum und feiere noch heute jeden 11. November als meinen „zweiten“ Geburtstag.

Zirkel bei Bert

Nach einem beeindruckenden Wochenendworkshop mit dem englischen Medium Victor hatte Bert Kontakt zu mir, Bea und Nadine aufgenommen. Er lud uns zu einem Zirkel bei ihm zu Hause ein. Natürlich freuten wir uns sehr über diese Einladung und Bea und ich erinnerten uns an das erste Treffen mit Simone. Damals sagte sie mir, ich würde irgendwann die Hilfe und Unterstützung ihres Lehrers Bert benötigen. Und nun war es soweit. In diesem Zirkel waren wir insgesamt fünf Damen. Bea, Nadine, ich und noch zwei weitere Frauen, die wir nun kennlernen durften. Wir übten das Sehen der Aura, mediale Durchsagen, Hellfühlen und Trancesitzungen. All diese Übungen durften unsere Sensibilität und Verbindungen verstärken. Ein ganz besonderes Geschenk machte mir während dieses Abends meine Freundin Bea. Wir übten, einen Jenseitskontakt herzustellen. Bea sagte, dass sie etwas verwirrt war, denn sie hätte eine ältere Dame gesehen, die immer wieder zu ihr sagte: „Ich bin ihre Oma, nein, ich bin nicht ihre Oma, doch, ich bin ihre Oma ...“ Das verwirrte Bea zwar, aber tatsächlich war meine liebe verstorbene Oma nicht meine leibliche Oma, sondern die Mutter meines Stiefvaters gewesen. Sie hätte sich also nicht besser zu erkennen geben können. Es folgten sehr ergreifende Worte, die mich unter anderem darauf hinwiesen, dass ich einen wunderbaren und wichtigen Schritt in meinem

Leben gehe und ich von vielen Wesen beobachtet und begleitet würde. Doch dieser Einstieg war für mich DER Beweis, dass es meine Oma war, die hier zu mir gekommen war, um mir durch Bea Botschaften zu übermitteln. Es ist so, dass verstorbene Verwandte sich auch nach ihrem Ableben für uns interessieren und sich um uns kümmern. Sie wollen uns hilfreich zur Seite stehen und wünschen sich sehnlichst, dass wir uns für ihre Worte öffnen und ihre Hilfe annehmen.

An einem anderen Zirkelabend bei Bert übten wir das Fallenlassen unseres Geistes in die Trance. Hier sollte ich meine erste Erfahrung mit einem sogenannten „Kabinett" machen. Ich wäre ganz sicher die Letzte, die sich heute in dieses Kabinett setzen würde, dessen war ich mir sicher. Kabinett bedeutet aus dem Englischen übersetzt „Schrank", welcher hier durch einen schwarzen Paravent nachgestellt wurde, in den man sich hineinsetzt und dessen Wände einen umgeben. Auf mich wirkte dieser Paravent recht bedrohlich und ich fühlte mich alles andere als wohl. Das spürte Bert, doch trotzdem bat er mich, als Erste in diesem Paravent Platz zu nehmen. Unmittelbar nachdem ich die Augen geschlossen hatte und ich die Energie der anderen auf mich gerichtet spürte, schlug mein Herz wieder wie wild. Mein Kinn fing an, unkontrolliert zu klappern, wie ich es häufig erlebt hatte. Bert half mir einfühlsam, mich zu beruhigen und zu vertrauen. Ziemlich schnell spürte ich nun wieder eine Bewegung, die von anderen Wesen hervorgerufen wurde. Mein Kopf, meine Arme und Hände und des ganzen Oberkörpers war in diese Bewegung einbezogen. Ich nahm die Präsenz eines alten Mannes in meiner Aura wahr. Er schaute sich durch meine Augen im Raum um und blickte dann voller Dankbarkeit nach rechts oben, von wo aus ich plötzlich Berts Stimme vernahm. Er hatte sich von seinem Platz erhoben, was ich jedoch nicht wissen konnte. Bert nahm Kontakt zu dem Herrn aus der geistigen Welt auf und bat ihn, uns seinen Namen und sein Alter mitzuteilen. Aber es sprach nicht aus mir. Ich hörte in mir einen Namen und eine Altersangabe von 72 Jahren. Aber ich war nicht in der Lage, es laut auszusprechen. Bert bat mich inständig und herzlich, zu sagen, was ich spürte, welche Informationen mich erreichten. Doch ich konnte die Worte nicht aussprechen, obwohl er mir so viel Vertrauen entgegengebrachte. Nach einer Weile holte mich Bert langsam aus der Trance und ich schaute in erfreute und erstaunte Gesichter des Zirkels. Bert konnte den Mann so beschreiben, wie ich ihn gespürt hatte, was mir abermals zeigte, dass ich mir diese Kontakte keinesfalls einbildete, sondern dass sie ganz real waren.

Ich sollte an diesem Abend die Einzige bleiben, die im Kabinett saß. Jede Dame in diesem Zirkel hatte andere Aufgaben oder Übungen bekommen und ich war glücklich, die Angst vor dem Kabinett überwunden zu haben. Warum mein Körper jedoch immer wieder diese merkwürdigen Reaktionen zeigte und was die Ursache dafür war, konnte auch Bert mir nicht sagen. Aber es beeindruckte ihn auch nicht sonderlich, sodass er keine Veranlassung sah, darüber so verzweifelt zu sein, wie ich es war. Leider zerbrach dieser Zirkel, in dem ich so wunderbare Erfahrungen machte, nach wenigen Wochen, da Bert sehr schwer erkrankte und keine Treffen mehr anbot. Wir verloren leider vollständig den Kontakt zu ihm. So standen Bea und ich gänzlich ohne die Unterstützung eines Zirkels da und uns wurde klar, dass es nun an der Zeit war, neue Wege zu entdecken.

Die Trance bereitet mir große Probleme

Ich war mit meiner Freundin Bea am Flughafen Hamburg und wir hatten eine sehr besondere Reise vor uns. Wir machten uns auf den Weg in eine der berühmtesten „medialen Schulen“ in England. Das alte englische Schloss, in dem wir nun eine Woche lang unter der Anleitung von erfahrenen „englischen Medien“ in unsere geliebte „Parallel-Welt“ eintauchen durften, war atemberaubend und wir fühlten eine grenzenlose Vorfreude. Das Gebäude war unglaublich imposant und büßte auch vor Ort nichts von seinem Charme ein, den es bereits auf Bildern gezeigt hatte. Wenn man in den relativ kleinen Empfangsbereich eintrat, erschlug einen jedoch ein beißender Geruch von vertrocknetem Katzenfutter. Der Kater Bilbo sorgte seit Jahren dafür, dass er wohl der berühmteste lebende Bewohner des Colleges war. Sobald die Gruppen wechselten und neue Schüler einzogen, saß der Kater auf dem Tresen der Rezeption, um die Neuankömmlinge zu begrüßen. Jedem Tutor waren etwa zwölf Schüler zugeteilt worden und Bea und ich waren in einer gemeinsamen Gruppe. Unsere Tutorin war eine kraftvolle Frau, die ich Susan nennen möchte. Nach einer kurzen Vorstellungsrunde begannen wir sofort mit den medialen Übungen.

Mit ihrer ganz besonderen Präsenz und Ausstrahlung steigerte Susan die Energie und Kraft innerhalb unserer Gruppe von Tag zu Tag. Wir erlernten viele praktische Techniken und es wurde ein sogenannter ‚Trance-Tag' angekündigt, auf den wir alle freudig hin fieberten. Es war Juni und wir hatten in diesem Jahr einen wunderschönen Sommer. Ein Jahrhundertsommer, der sich bis in den Oktober hinzog. Gemeinsam mit anderen Gruppen des Colleges bildeten wir große Zirkel, die wir im wunderschönen Garten abhielten. Wir saßen alle gemeinsam unter einem riesigen Tulpenbaum, übten Durchsagen, Jenseitskontakte und spürten in die Blockaden der Teilnehmer/-innen hinein. Jeden Abend freuten Bea und ich uns auf unser Gute-Nacht-Ritual. Wir zogen Engel-Karten und übten Durchsagen füreinander. Wir waren hoch motiviert, voller Freude über diese Woche und genossen jeden Moment, den wir hier verbringen durften. Nach wie vor war meine Trance nicht im Gleichgewicht, wie ich es mir für meine Arbeit gewünscht hätte. Insbesondere in größeren Gruppen rebellierte es in mir.

An einem der Tage hatten wir uns mit einer anderen Gruppe in der Bücherei versammelt. Hier wurden kleine Gruppen von vier Teilnehmern gebildet, mit denen wir nun arbeiteten und das Trance-Sprechen üben sollten. Ich war die Zweite, die in unserer Gruppe Trance üben sollte. Ich konnte spüren, wie der Druck in mir wuchs und auch die Kraft der vielen Menschen im Raum mich aus der

Balance brachte. In mir wechselten sich Anspannung und Entspannung ab und ich begab mich wieder in den Taumel der Energie. Mein Unterkiefer schlug an den Oberkiefer, als würde ich in Eiswasser stehen, während die Kraft des Trance-Soges, der mich in die Tiefe ziehen wollte, wieder in eine unglaubliche Angst versetzte. War es die kraftvolle Energie meines Begleiters, die hier mit mir arbeitete? Alles ging immer wieder viel zu schnell und auch viel kraftvoller, als ich es erwartet hatte. Ich wusste nie, wann dieser immense Sog einsetzte, vor dem ich mich so fürchtete. Unsere Lehrerin nahm sich meiner an und versicherte mir, dass es nicht die geistige Welt war, die das, was ich gefühlt und erlebt hatte, hervorrief. Es sei in mir, ich würde das selbst produzieren. Diese Worte verletzten mich. Ich hatte das Gefühl, man unterstellte mir, bewusst die Gruppe zu täuschen oder Aufmerksamkeit erregen zu wollen, dabei wäre ich doch froh gewesen, wenn es für mich einfacher gelaufen wäre. Ich war wieder einmal beschämt und verunsichert über dieses Gefühl. Ich fühlte mich nicht verstanden und vermisste die so sehr erhoffte Hilfe. Die geistige Welt versuchte, mich zu erreichen. Aber mir fehlte es nach wie vor an dem Wissen und dem Vertrauen, das alles zuzulassen.

Es war Freitag. Der Tag, an dem wir ausschließlich mit der Trance arbeiten würden. Nach der gestrigen Erfahrung in der großen Bücherei war ich nicht so entspannt, wie ich es erhofft hatte. Wir saßen uns in Stuhlreihen gegenüber.

Vier auf der einen Seite, während die anderen Zirkelteilnehmer ihnen gegenüber saßen. Vier Personen ließen sich von der geistigen Welt in die Trance gleiten und die anderen beobachteten. Nachdem ich einige Trancedurchgänge beobachten durfte, bat Susan mich, ganz außen, neben drei weiteren Frauen Platz zu nehmen. Ich war sehr angespannt und ich bat meine Begleiter, diszipliniert mit mir zu arbeiten und mir zu helfen, langsam und ruhig in dieser Gruppenenergie einzutauchen. Susan versprach, mir zu helfen, sodass ich ein ruhiges Dahingleiten in die Trance erleben durfte. Kaum hatte ich die Augen geschlossen, schlug mir das Herz wieder einmal bis zum Hals und ich hatte sofort das Gefühl, abzustürzen. Die Tutorin nahm „Kontakt" zu mir und meinen Begleitern auf und ich glitt ganz langsam in eine unbeschreiblich schöne und tiefe Trance. Ich konnte irgendwann nur im Hintergrund vernehmen, was die Gruppe diskutierte. Während ich in dieser tiefen Entspannung saß und es wirklich genoss, abzutauchen, nahm ich die erstaunten Worte der Gruppe wahr. Irgendetwas schien die Damen vor uns sehr zu verwundern. Das konnte man hören. Nach etwa 20 Minuten führte man uns langsam aus der Trance und bat uns, in das Tagesbewusstsein zurückzukehren. Alles verlief ohne weitere Schwierigkeiten und ich öffnete voller Freude über das Erlebte meine Augen. Ich schaute in staunende Gesichter. Susan war aufgeregt und sagte, sie hätte so etwas noch nie gesehen und wünschte sich, einen Fotoapparat dabei gehabt zu haben – das hatte ich doch schon mal gehört, erinnerte ich mich. Nach ihren Berichten war mein Hals angeschwollen und es sah aus, als sei eine Schlange aus meinem Hals gekommen. Ich konnte das nicht wirklich verstehen, was sie dort erzählten, aber jeder in diesem Raum starrte mich so überrascht an, dass ich glauben musste, dass etwas Sonderbares passiert sein musste. Meine Neugierde war vollends entfacht, jedoch erhielt ich keine weiteren Antworten in dieser Woche. Eigentlich war es mir nicht wichtig, was man hier gesehen haben wollte, denn für mich war das Gefühl, kontrolliert in die Trance zu gleiten, ein wunderbares Geschenk, das ich aus dieser Woche mitnehmen durfte. In mir löste dieses Erlebnis der schlangenartigen Verdickung an meinem Hals nicht viel aus, denn ich hatte dieses Phänomen weder beobachtet noch etwas in dieser Richtung gespürt. Anders war es für eine junge Kursteilnehmerin, die sich für den Rest des Tages aus den Trance-Sitzungen zurückgezogen hatte und nicht mehr auf diese Weise weiterarbeiten wollte. Ich erhoffte natürlich auf vielen Wegen Antworten zu erhalten. Ich kam immer wieder zu einem Ergebnis, das ich selber vermutete. Es kann sich eigentlich nur um die Kundalini-Energie gehandelt haben, die insbesondere durch intensive Yogapraxis erweckt wird und aus der Wirbelsäule eines Menschen aufsteigt. Da ich nichts von dem beweisen kann, muss es eine Vermutung und eine nicht näher zu bestimmende Erfahrung bleiben, die ich nun auf meine weitere spirituelle Reise mitnehmen kann.

Das Mädchen im weißen Kleid

Es war der letzte Tag im College und eine ereignisreiche Woche war nun fast zu Ende. In weiser Voraussicht, dass mich diese Woche beeindrucken würde, hatte ich mich schon im Vorfeld für ein weiteres Seminar im September angemeldet. Im Korridor des Colleges waren die Kurse ausgehängt, die in den nächsten Monaten angeboten wurden. Als ich mir diesen Aushang durchlas, stolperte ich über einen weiteren Kurs, der von Susan geleitet wurde. Das Thema lautete „physikalische Medialität". Nach vielen Gesprächen über dieses Thema und dennoch immer noch viel zu wenig Wissen darüber, war ich natürlich Feuer und Flamme. Sitzen im Kabinett, in der Dunkelheit, Überschattungen - ein Phänomen, bei dem die geistige Welt durch das Medium sichtbar wird - und viel Trance-Arbeit waren Inhalte dieser Woche, die ich nach Rücksprache mit meinem Mann sofort buchte. In diesem Jahr sollte ich einen ganz besonderen Sommer erleben. Die ereignisreiche Woche im College war fast beendet, ich buchte die „physikalische Woche" im Juni und hatte bereits für September eine zweite „deutsche Woche" gebucht.

Wir hatten unseren letzten Zirkel mit Susan und übten in unserer Gruppe einen Jenseitskontakt über eine Engelkarte herzustellen, die eine Person zuvor in den Händen gehalten hatte. In die Energie dieser Person sollten wir hineinspüren und aufschreiben, was wir empfingen. Die

Engelkarte in der Hand haltend, wunderte ich mich, dass ich unmittelbar das Gefühl hatte, Informationen aufzufangen. Sofort schrieb ich diese auf ein Blatt Papier. Vor meinem inneren Auge erschien ein kleines Mädchen von ungefähr sechs Jahren in einem weißen Kleid. Ich nahm wahr, dass sie in einem riesengroßen und sehr gepflegten Garten spielte. Das weiße Haus, das ich ebenfalls sah und in dem sie zu wohnen schien, glich einer wunderschönen, großen Villa. Ich hätte es sehr detailliert beschreiben können, denn das Bild, das sich mir zeigte, war sehr klar. Darüber hinaus sah ich die jungen, glücklichen und sehr wohlhabende Eltern. Ein Flusslauf am Ende des Grundstückes konnte ich ebenso wahrnehmen und ich spürte sofort, dass dieses Mädchen in dem Fluss ertrunken war. Dies alles schrieb ich auf das Blatt Papier und war jetzt überaus gespannt, was die Frau, die mir gegenübersaß und für die ich diesen Jenseitskontakt hergestellt hatte, zu meinen Wahrnehmungen sagen würde. Ich war sehr aufgeregt. Mit meinem Block in der Hand saß ich jetzt einer sympathischen Frau mit langen dunklen Haaren gegenüber. Wir wunderten uns beide sehr darüber, dass wir noch kein einziges Mal in dieser Woche miteinander gearbeitet und uns überhaupt nicht wahrgenommen hatten. Ich erinnere mich noch sehr genau an das Gespräch, weil ich unglaublich von ihren Worten überrascht war. Sie sagte: „Ich sehe ein kleines Mädchen, etwa fünf bis sechs Jahre in einem weißen Kleid. Sie spielt auf einer Wiese vor einem imposanten weißen Haus. Sie hat wunderbar liebevolle Eltern und ich sehe, dass sie ertrunken ist. Es sieht aus wie ein Pool im Garten“ Während sie sprach, musste sich mein Gesichtsausdruck vollkommen verändert haben. Wir hatten definitiv beide das gleiche Mädchen wahrgenommen, obwohl wir sie beide nicht kannten. Während sie zu mir sprach, sah sie meinen erstaunten Blick. Ich war überwältigt, dass so etwas passieren konnte und für uns war in diesem Moment vollkommen klar, dass wir von diesem kleinen Mädchen zusammengeführt worden waren. Wir beide spürten eine herzliche Wärme in uns aufsteigen. So, als würden wir einer bekannten Person gegenübersitzen. Ich hatte noch keine Ahnung, wie wichtig Celina für mich werden sollte und dass sie mich im schwärzesten Moment meines Lebens auffangen würde. Wir freuten uns, dass wir im September „zufällig“ wieder zusammen in der „deutschen Woche“ sein würden und buchten sofort ein gemeinsames Doppelzimmer für diese Zeit.

Michelle kommt

Eine geeignete Flugverbindung von Hamburg nach London war an einem Samstagvormittag, dem Kursbeginn im College, fast unmöglich zu bekommen. So reiste ich bereits am Freitag an und buchte für diese Nacht ein Zimmer in einer kleinen Pension in einem Vorort von London. Am späten Nachmittag erreichte ich die Pension und war etwas enttäuscht, dass sich in der Nähe keine Möglichkeiten fanden, essen zu gehen oder zu flanieren. Ich war in der Einöde, direkt an einer Autobahn von Stansted untergekommen, und hoffte, die Nacht schnell hinter mich zu bringen, um früh am Morgen mit dem Taxi ins College zu fahren. Gleich am nächsten Tag sollte das Abenteuer beginnen. Ich war davon überzeugt, dass meine Englischkenntnisse bestimmt ausreichten, zumindest die wichtigsten Informationen über „physikalische Medialität" zu verstehen. Das Taxi holte mich früh aus der Pension ab und so traf ich lange vor Kursbeginn im College ein. Ich erledigte alle Formalitäten, die beim Einchecken zu erledigen waren, und konnte mich ganz in Ruhe mit dem Stundenplan und dem Ablauf der Woche auseinandersetzen. Mit der detaillierten Kursbeschreibung, die ich nun erhielt, steigerte sich meine Neugierde auf die kommenden Tage. Hierin wurde unter anderem darüber informiert, dass wir Aufzeichnungen von Stimmen aus der geistigen Welt machen würden. Es sollte in diesen Tagen also von

„Beweismitteln“ nur so hageln. Mit mir wartete eine sympathische Frau auf den Fahrstuhl, die sich mir als Michelle vorstellte. Sie bewohnte das Zimmer direkt neben meinem und wir kamen in ein Gespräch über die Woche und was uns wohl erwartete. Sie war zum ersten Mal am College, war Engländerin und genauso neugierig wie ich. Von ihr erfuhr ich, dass dieser Kurs äußerst begehrt war und die Menschen hierfür aus der ganzen Welt anreisten. Ich hatte Zeit, in Ruhe meine Sachen auszupacken, bevor die Vorstellung der Tutoren und die Begrüßung in der großen Kapelle des Hauses stattfanden. Der Unterrichtsplan war viel straffer, als ich es von der „deutschen Woche“ gewohnt war. Die Meditationen begannen bereits vor dem Frühstück und nach dem Abendessen wurden ebenfalls noch Vorträge gehalten. Ich durfte mich auf eine wohl sehr intensive Woche freuen. Während der Begrüßungsrunde erfuhren wir, dass die Teilnehmer tatsächlich von überall her angereist waren. Sie kamen u.a. aus Australien, Chile, Frankreich, den Niederlanden, der Schweiz und Mexiko.

Ich wurde in die Gruppe von Susan eingeteilt. Wir waren mit 18 Personen eine relativ große Gruppe. Im Raum standen zwei Kabinette und davor diverse Stuhlreihen mit viel mehr Stühlen als Kursteilnehmern. Nach vorne war dieses Kabinett geöffnet, damit man die Séance beobachten konnte. Die alten, schweren Vorhänge an der hohen und riesigen Fensterfront waren zugezogen und der Raum somit vollkommen abgedunkelt. Die Vorhänge sollten während der ganzen Woche nicht bewegt werden. Der Seminarraum war gefüllt mit Bücherschränken. Man konnte sehen, dass die Bücher darin Raritäten sein mussten, denn sie waren mit Glasscheiben vor dem Verfall und vor den vielen Menschen geschützt. Der Fußboden war mit alten Teppichen bedeckt und an den Wänden hingen Gemälde von verschiedenen bekannten Medien, die hier lebten bzw. gelebt hatten. Alles wirkte, als sei es seit 100 Jahren unverändert. In den Unterrichtsräumen gab es bis auf die Stühle für die Studenten kaum neue Möbel. Ansonsten schien jedes Detail des Hauses eine altehrwürdige Atmosphäre zu verströmen, was allem einen ganz besonders beeindruckenden Charme verlieh. In der sogenannten „Hall“ konnte man es sich auf den alten Sofas gemütlich machen, man fand hier immer Gesprächspartner bei einer Tasse Tee, während im Winter sogar ein stimmungsvolles Kaminfeuer brannte.

Nach dem Abendessen setzte ich mich auf eine Bank in den parkähnlichen Garten und genoss einen milden Sommerabend. Dafür ging ich weit an das hintere Ende des Gartens, von wo aus ich einen herrlichen Blick auf das imposante Gebäude hatte, und freute mich unglaublich, wieder hier sein können. Vom Gebäude her kam die Frau auf mich zu gehumpelt, die ich bereits am Fahrstuhl getroffen hatte und die auch Teil meiner Gruppe war. Wir hatten uns in der Kaffeepause kurz unterhalten und ich erfuhr, dass sie in frühester Kindheit nach einer sehr schweren Krebserkrankung das rechte Bein verloren hatte. Es fiel ihr sichtlich schwer, diese schätzungsweise 100 Meter über den Rasen zu mir zu gelangen und ich fühlte mich etwas unwohl, dass sie diesen für sie so beschwerlichen Weg auf sich nahm und ich ihr überhaupt nicht helfen konnte. Michelle fragte höflich, ob sie sich zu mir setzen dürfe und nahm erst einmal einen großen Schluck aus ihrer Wasserflasche, die sie mitgebracht hatte. Ich spürte, dass sie etwas auf dem Herzen hatte, allerdings ließ ich sie jetzt erst einmal zu Atem kommen. Während unserer Vorstellungsrunde hatte ich kleine Anekdoten meiner spirituellen Erlebnisse und auch Probleme geschildert und sie meinte nun zu mir, dass meine Erlebnisse sie sehr neugierig gemacht hätten. Michelle bat mich, ihr mehr von meinen Erfahrungen zu erzählen. Und so tauchten wir zum ersten Mal in dieser Woche in ein stundenlanges Gespräch ein. Ich saß hier mit dieser Frau, die das, was ich erlebt habe, unbedingt bis ins kleinste Detail wissen wollte. Ich spürte ihre Bewunderung und merkte, dass sie meine Ausführungen regelrecht in sich einsog. Ich wiederum genoss es sehr, ihre Meinung zu einigen Erlebnissen zu erfahren. Und so saßen wir bis 01.00 Uhr nachts im Garten, während sie meinen Ausführungen und ich ihren Betrachtungen dazu lauschte. Michelle war von ihren Eltern sehr christlich erzogen worden; bereits seit frühester Kindheit war sie es gewohnt zu meditieren, was mich sehr beeindruckte. Ich konnte ihren Ausführungen zu

Bibeltexten, Ritualen und anderen spirituellen Themen, die sie mit mir teilte, kaum folgen, obwohl ich das wenige, das ich davon gut verstand, unglaublich interessant fand. Michelle behauptete, in den letzten 50 Jahren nicht annähernd das erfahren zu haben, was ich in den zwei Jahren meines kurzen medialen Weges erlebt hatte, und ich wusste, dass ich ihr wirklich alles erzählen konnte. In mir keimte die Hoffnung auf, vielleicht von ihr auf alles eine Antwort zu bekommen. Schon jetzt spürte ich, dass diese Woche etwas ganz Besonderes werden würde.

Wie erwartet saßen wir in unserem Workshop besonders viel im Kabinett, diesem nachgestellten Schrank aus schwarzen Tüchern, in den man sich setzte, um die Energie der geistigen Welt noch kräftiger zu spüren. Die Meinungen unter den Medien auch in England über derartige Praktiken gehen sehr weit auseinander. Viele von ihnen sitzen selber fast täglich in diesem Kabinett, andere wiederum halten diese Methode für vollkommen veraltet und überflüssig. Ich hatte jegliche Scheu vor dem Kabinett abgelegt und konnte meine Energien hierin und vor der Gruppe erstaunlich gut kontrollieren. Ich hatte nach wie vor das Gefühl, von der geistigen Welt leicht bewegt zu werden, was bei Susan nicht unbedingt auf Wohlwollen stieß. Für Susan bedeutete disziplinierte Kabinettarbeit, in vollkommener Stille und Bewegungslosigkeit zu sitzen. Ich musste mich anstrengen, meine Bewegungen zu unterdrücken. Einerseits sollte ich mich entspannen, andererseits versuchte ich, Zuckungen im Gesicht und die Bewegungen, die meine Arme ausüben wollten, zu stoppen. Ich zweifelte natürlich einmal wieder, ob es mein Ego oder tatsächlich die geistige Welt war, die sich in diesen Bewegungen zeigte. In meinen kleinen Gruppensitzungen zu Hause hatten sich Verstorbene gerade durch diese Bewegungen häufig zu erkennen gegeben und gezeigt, für welchen Zirkelteilnehmer sie zu uns gekommen waren und was sie mitteilen wollten. Ich bemühte mich hier jedoch sehr, nicht aus der Rolle zu fallen und vermied jegliche Bewegung. Michelle und ich tauschten uns in jeder freien Minute aus, wir zerpflückten alle Einzelheiten unserer Erlebnisse und hatten uns sehr viel zu erzählen. Ich fühlte mich inspiriert und zum ersten Mal wirklich verstanden. Das Abendessen und das Frühstück ließen wir häufig zugunsten unserer Gespräche aus und zogen uns auf unsere Bank im Garten zurück. Ich genoss diese mütterliche, liebevolle Unterstützung von Michelle, die mir so viel über Energie, Medialität und den Kontakt zu Verstorbenen erzählen konnte. Sie spürte meinen Wunsch, das Thema Medialität wirklich zu verstehen und vor allen Dingen „mich“ kennenzulernen. Ich hatte das Gefühl, sie wollte sich meiner annehmen, weil sie meine Verzweiflung gespürt hatte. Immer wieder betonte sie, dass sie besondere Fähigkeiten und Möglichkeiten für mich sah, sobald ich mich voll und ganz dieser Aufgabe hingab. Manchmal war sie fast energisch und erbost, wenn ich immer wieder meine Zweifel aussprach und einfach nicht akzeptieren wollte, dass diese große Kraft in mir war, die ich nun leben sollte. Vor allem aber sah sie es als meine Aufgabe an, meine Begabung mit anderen Menschen zu teilen und sie weiter zu reichen. Ich hatte selber noch nicht verstanden, was in mir loderte, wie sollte ich verstehen, dass ich irgendetwas davon weitergeben konnte? Manchmal hatte ich trotz allen Verständnisses, das sie für mich aufbrachte, das Gefühl, sie überschätze meine Fähigkeiten vollkommen. Vor allen Dingen aber sprach sie etwas aus, das ich definitiv NICHT wollte. Weder würde ich Menschen von meinem spirituellen Weg erzählen, von den inneren Entwicklungen, die diese Begabung mit sich brachte, noch wollte ich jemals als „Lehrer“ fungieren, wie sie es ausdrückte. Mir war völlig schleierhaft, wie ich Menschen damit helfen sollte, schließlich brauchte ICH doch Hilfe. Sie hatte vollkommen andere Vorstellungen von meinem Weg als Medium als ich sie hatte.

Wir saßen wieder einmal gemeinsam auf unserer Bank und sie zeigte mir Aufzeichnungen von Durchsagen, die sie empfangen hatte. Ich verstand erst nicht so richtig, was sie meinte, da ich mit derartigen Texten nicht vertraut war. Es war aber unschwer aus den Zeilen zu erkennen, dass sie nicht „von ihr“ stammten. Die Texte entsprachen überhaupt nicht ihrer Art, sich auszudrücken. Diese Worte waren von einer Qualität, die mich mitten ins Herz trafen und sehr philosophisch klangen. Aber vor allen Dingen betrafen sie jetzt gerade „mich". Einerseits war ich erstaunt, denn wenn es mich betraf, waren es sehr fordernde Worte. Andererseits war ich hingerissen von dieser Tiefe der Botschaften und dieser Wortwahl mit der „Sie" zu uns sprachen. Es kamen Dinge zur Sprache, von denen Michelle nichts wissen konnte, und ich spürte, dass diese Worte aus einer anderen Dimension stammten. Das, was hier stand, konnte sie nicht geschrieben haben. Sie konfrontierte mich mehr und mehr mit diesen Texten, die wir von nun an „red writings" nannten, weil sie immer einen roten Stift zur Hand nahm, wenn sie spürte, dass die Ausführungen für mich waren. Niemals zuvor hatte ich jemanden getroffen, der solche Worte aus dem Universum empfing. Jedes einzelne Wort entfachte in mir eine neue, noch viel tiefere Liebe, Sehnsucht, aber auch unglaubliche Ehrfurcht vor der geistigen Welt. Michelle sagte mir immer wieder, sie spürte den Teil in mir, der sich kräftig gegen die Größe in mir wehrte und der unbedingt „KLEIN" bleiben wollte. Sie hatte diese kleine Schwachstelle entdeckt und bohrte regelrecht darin herum, was mich unglaublich schmerzte.

Morgens, mittags und abends trafen wir uns. Bis tief in die Nacht saßen wir mit Wasser und Wein im Garten auf unserer Bank und philosophierten. Der Druck in mir wuchs und wuchs in einer Weise, und ich spürte ein riesengroßes Paket auf meinen Schultern lasten.

Irgendwann nahm sie „Cathrin“ wahr. Für sie verkörperte „Cathrin“ diese Bremse in mir und sie wollte ihr einen Namen geben. Ihrer Meinung nach war Cathrin der Teil in mir, der mich klein hielt. Eine kleine Dämonin, die mich davon abhielt, meiner Berufung zu folgen. Einige nennen es vielleicht das „innere Kind“, das sich gegen Veränderung wehrt. Michelle nannte sie Cathrin. Wie oft sagte sie mir: „Cathrin must go!“ Ich hatte keine Ahnung, wer „Cathrin“ war und warum sie mich klein hielt. Aber ihrer Meinung nach war Cathrin das Problem und es war ihr ein echtes Anliegen, sie zu vertreiben, damit ich mich entwickeln konnte. Sowieso war es erstaunlich, dass sie sich die gesamte Woche nur damit beschäftigte, mich zu unterstützen, um mir klar zu machen, in welcher Kraft ich war und dass sie in ihrem ganzen Leben keinem Menschen mit einer derartigen spirituellen Kraft begegnet sei, wie sie sie in mir spürte. Sie war der festen Überzeugung, nur in das College gekommen zu sein, um sich meiner anzunehmen. So schwer mir es auch fiel, das einzugestehen, tief im meinem Inneren wusste ich, dass sie recht hatte. Aber eigentlich wollte ich nicht wachsen. Ich wollte definitiv mit dieser Kraft nicht im Rampenlicht stehen und Menschen in ihrer „Medialität“ wecken. Außer auf der Yogamatte fühlte ich mich nicht dazu berufen, Menschen etwas beizubringen.

Mir war von Anfang an klar, dass mediale Arbeit etwas vollkommen Anderes von mir abverlangte, und dass es eine weitaus größere Verantwortung war, Menschen in ihrer Medialität zu begleiten, als sie auf der Yogamatte zu fordern und zur Entspannung anzuhalten. Als Medium, das hilfesuchende Menschen begleiten möchte, braucht es ein grenzenloses Vertrauen an seine Begleiter. Ohne mich damit ernsthaft auseinanderzusetzen war mir klar, dass ich mich einer derart verantwortungsvollen Aufgabe nicht widmen würde. Nein, ich war nicht bereit dazu, jemals das zu sein, was Michelle in mir sah und was mich dort in den „red writings" erreichte. Ich war kein Medium, das Menschen führt und ihnen einen Weg zeigt, Kontakte herstellt und im Vordergrund steht. Das kam überhaupt nicht in Frage und ich spürte, wie ich mich langsam zurückzuziehen begann. Der zunächst nährende und positive Austausch entwickelte sich mehr und mehr in eine fordernde Richtung. Die „red writings" waren nicht das, was ich hören wollte, und auch Michelle übte mittlerweile viel zu viel Druck auf mich aus. Ich wusste, wenn ich zu Hause war, weit weg von Michelle, würden sich die Wogen glätten und ich könnte mich wieder meiner geliebten Yogapraxis widmen, meine Damen verwöhnen und alles wäre wieder ruhig und vertraut um mich herum. Der Schutzmantel, den Michelle anfangs über mich gelegt hatte, wurde langsam zu einer schweren Last.

An einem Morgen legte sie mir dieses ‚red writing' vor:

Du hast die Möglichkeit, die höchste spirituelle Kraft zu erhalten

...

Zu bestimmten Zeiten gibt es einen Zweck, gibt es einen Sinn. Es ist an dir, diesen Zweck deiner Erfahrung zu entdecken. Versuche zu verstehen. Das ist der Grund, aus dem du hier bist!

...

Du bist sehr beschenkt, ABER du bist dir deiner selbst nicht sicher.

...

Erst, wenn du wahrhaft eine FRAU wirst, beginnst du dich in die Fülle deiner Kraft zu bewegen. Erst dann wirst du dein wahres Selbst, deine Essenz leben. Dann ... und nur dann wirst du dich uns gänzlich geben können, während wir uns gänzlich manifestieren ... durch dich!

...

Die Gruppen, die du geleitet hast, haben dich Autorität, Führerschaft und Fürsorge gelehrt. Nun ist es an der Zeit, loszulassen!

Wundervolles Kabinett

Zwei Rotlichtlampen waren auf uns gerichtet, um die geistige Welt besser beobachten zu können, wenn sie sich uns näherte. Dieses Rotlicht sollte dazu beitragen, die Überschattung der geistigen Welt besser erkennbar zu machen, während wir im Kabinett saßen. Bei einer Dame, die im Kabinett saß und Kontakt aufgenommen hatte, konnten wir ganz deutlich den Bart eines Mannes erkennen, der ihr Gesicht überlagerte und zu dem Verstorbenen gehörte, mit dem sie sprach. Auch auf einem Foto, das wir machten, war dieser Bart genau zu erkennen. Es war unbeschreiblich beeindruckend. Ich war wieder an der Reihe, in diesem Kabinett zu sitzen und hatte mich und mein Team an geistigen Begleitern mittlerweile ganz gut daran gewöhnt, möglichst still zu sitzen – Susan zuliebe. Ich hörte Susan sagen, dass sich um das Kabinett, in dem ich gerade saß, eine unglaubliche Energie gebildet hatte. Es wurde stärker und stärker und unsere Tutorin bat alle Teilnehmer, an dem Kabinett vorbei zu gehen, um diese Energie ebenfalls zu spüren. Susan war ein sehr emotionaler Mensch und liebte diese Arbeit wirklich von ganzem Herzen. Sie war so ergriffen von der liebevollen Energie, die aus meinem Kabinett strahlte, dass ihr die Tränen in Strömen über das Gesicht liefen, wie Michelle mir im Anschluss berichtete. Auch sie hatte diese

„besondere“ Energie wahrnehmen können, was für sie ihre Meinung über meine Fähigkeiten bestärkte.

Die Woche im College war zu Ende. Ich verabschiedete mich von den anderen Teilnehmern und wir versprachen in Kontakt zu bleiben. Die Begegnung mit Michelle sollte noch lange Zeit nachschwingen, doch war mir das in diesem Moment nicht klar. Ich war recht abgelenkt und etwas gestresst, da ich am kommenden Tag, kaum, dass ich zu Hause angekommen war, schon wieder auf Reisen gehen wollte. Mit einer 17-köpfigen Yoga-Gruppe ging es am folgenden Tag in die CASA EL MORISCO nach Andalusien. Voller Vorfreude, allerdings auch vollkommen erschöpft von dieser Woche, machte ich mich auf den Heimweg.

Die Woche im College hatte mich nicht nur viel Kraft gekostet, sondern auch viele Kilos. Es war mir deutlich anzusehen, dass ich in dieser Woche einiges erlebt hatte, das nun an mir rüttelte und mich veränderte. Mein Mann und unser Sohn Rafael waren erschrocken, als sie mich sahen. Tief in meinem Herzen kämpften von nun an zwei Kräfte, das konnte ich täglich spüren – und jeder konnte es sehen. In mir zerrte etwas in eine Richtung, während sich „etwas Anderes“ beharrlich dagegen wehrte. Ich kämpfte mich vor und sofort wieder zurück und löste somit vermutlich selber eine Unruhe in mir aus, die sich von nun an katastrophal auf meinen Gesundheitszustand auswirkte. Ich war zu Hause angekommen und hatte gehofft, alles

Erlebte und Gehörte einfach hinter mir zu lassen. Es sollte Ruhe in mein Leben einkehren und ich war froh, meine Männer wieder in die Arme nehmen zu können. Sie waren und sind mein Anker in jeder Situation, aber ich spürte sie kaum, ebenso wenig wie mich selbst. Mein Körper fühlte sich Tag und Nacht an, als wäre ich in Trance. Ich fühlte mich schwach, verletzbar, unsicher und überhaupt nicht in der Lage, kraftvoll aufzutreten.

Am kommenden Morgen erwarteten mich meine Yogaschüler am Flughafen Hamburg. In der Nacht zuvor war ich gerade erst aus England zurückgekehrt. Ich war zwar gut organisiert, dennoch war noch einiges zu planen und umzupacken, bevor ich am nächsten Morgen die Yogis am Hamburger Flughafen treffen sollte. Sie erwarteten natürlich von einer kraftvollen, erholten und entspannten Yogalehrerin durch die kommende Woche geleitet zu werden. Es war mir ein Rätsel, wie ich das überstehen sollte.

Die Yogareise

Meine Freundin Bea, die mich auf dieser Reise begleitete, schaute mir am Flughafen in die Augen und ich konnte spüren, wie besorgt sie um mich war. Sie ahnte sofort, wie schlecht es mir ging. „Katja, was ist los mit dir? Deine Augen wirken wie aus Glas," flüsterte sie mir zu. Ich versuchte so gut wie möglich, mir meine Schwäche vor der Gruppe nicht anmerken zu lassen. Als wir in der CASA EL MORISCO eintrafen und ich alles für diese Woche im Yoga-Raum vorbereitet hatte, konnte ich mich erstmals etwas entspannen. Doch die Yogastunden, die ich am Morgen und am späten Nachmittag hier abhielt, kosteten mich unendlich viel Kraft. Nach den Yogastunden wankte ich schweren Schrittes ins Restaurant und ging jeden Abend sehr früh zu Bett. Ich war sehr verunsichert, dass man mir meine Stimmung, die Schwäche und Unruhe, die in mir herrschten, anmerken konnte. Bea sagte, dass man mir schon ansah, dass ich nicht in Balance war, dass es sich aber nicht auf meinen Unterricht auswirke und ich hier kraftvolle und auch ruhige, harmonische Yogastunden abliefere, in denen ich mich durchaus wohlzufühlen schien. Nach einer Unterrichtsstunde war es mit meiner Kraft allerdings sofort vorbei. Ich brauchte Stunden, um mich zu erholen. Und DAS sah man mir wiederum an. In dieser Zeit tauschte ich mich viel mit Michelle per E-Mail aus. Sie bat mich immer häufiger, mir einen Lehrer zu suchen, der mir weiterhelfen konnte, diese Veränderung, die ich in mir spürte, zu erklären und in ein erträgliches Maß zu bringen. Aber wo gab es diesen Lehrer? Wer konnte mir helfen? Nach Simone und Bert hatte ich nie wieder jemanden getroffen, der sich meiner annehmen konnte. Ich aß auch hier in der Casa immer noch viel zu wenig und verlor weitere Kilos. Nach etwa vier Tagen verbesserte sich mein Zustand und ich entspannte mich langsam. Mehr und mehr kam ich bei mir an und konnte diese Reise und die Energie des wunderschönen Ortes, den ich so liebte, genießen. Auch die Yogastunden wurden flüssiger und fühlten sich für mich harmonischer an. Langsam war ich in der Lage, mich und meinen Körper auf der Yogamatte zu spüren und konnte die Yogareise mit einem guten Gefühl und zufriedenen Menschen abschließen.

Der anfänglich harmonische Austausch mit Michelle veränderte sich mehr und mehr. Statt Hilfe in mein Leben zu bringen, übte sie weiteren Druck auf mich aus. Da ich aber mit ihr eine Gesprächspartnerin gefunden hatte, die mir immer noch Antworten geben konnte, fiel es mir schwer, mich vollkommen zu lösen und meinen „alten Weg“ wieder einzuschlagen. Mit dem rasanten Gewichtsverlust traten zu Hause weitere gesundheitliche Probleme auf. Plötzliche, starke Nierenschmerzen, mit denen ich ins Krankenhaus musste, zahllose Blasenentzündungen und ständige Erkältungen begleiteten mich nun. Ich war an einem Punkt angelangt, an dem ich mich überhaupt nicht mehr wohlfühlte. Das Komische an dieser ganzen Situation war allerdings, dass ich mich äußerlich extrem veränderte und man mir fast täglich sagte, dass ich fabelhaft aussah. Ich ließ gerade meine Haare wachsen, der Gewichtsverlust stand mir gut zu Gesicht, meine Augen strahlten, aber innerlich herrschte ein gewaltiger Kampf.

„Cathrine must go“

Ich hatte mich wieder auf den Weg nach England gemacht und musste erneut aufgrund der schlechten Flugverbindungen einen Tag früher anreisen. Ich mietete mich in das kleine, mir bekannte Hotel am Rande von Stansted ein. Michelle versprach mir, mich am Flughafen abzuholen, damit wir noch einmal die Gelegenheit hatten, über das Erlebte zu sprechen. Anfangs war ich von diesem Vorschlag nicht gerade begeistert, als ich sie jedoch in der Ankunftshalle erblickte, stieg in mir eine vertraute Ruhe auf. Mit ihrem Wagen fuhren wir in die Pension. Ich bezog mein Zimmer und auch Michelle hatte sich dort für eine Nacht einquartiert. Sie hatte ebenfalls eine längere Anreise hinter sich und konnte nicht am selben Tag wieder zurückfahren. Es war bereits später Nachmittag und der Hotelier reservierte uns einen Tisch in einem nahegelegenen indischen Restaurant. Wie wir es während unserer gemeinsamen Woche im College gewohnt waren, saßen wir bei einer Flasche Wasser für Michelle und einem Glas Rotwein für mich bis spät am Abend zusammen und redeten über unsere Erfahrungen. Wir verabredeten uns für den nächsten Tag, an dem sie mich nach einem gemeinsamen Frühstück in London ins College fahren wollte. Aus dem geplanten Gespräch zum Frühstück wurden erneute stundenlange Unterhaltung, die sich bis in die frühen Nachmittagsstunden hinzogen. Unbeabsichtigt löste sie erneut Druck und Angst in mir aus. Sie sprach immer wieder von dieser Aufgabe, die ich für mein Umfeld zu erfüllen hätte, der ich selbst mich allerdings keinesfalls gewachsen fühlte. Ich hasste diese Konversation, da sie unglaublichen Stress in mir auslöste. Es baute sich wieder Druck auf und ich hatte mich entschieden, in diese Diskussion nicht weiter einzusteigen. Ich bat sie, mich ins College zu fahren.

Dort angekommen, erblickten wir Celina, die Frau, mit der ich mich hier verabredet hatte. Wir hatten uns über einen gemeinsamen Jenseitskontakt mit dem kleinen Mädchen kennen gelernt. Michelle spürte, dass sich in mir Ängste aufgebaut hatten, über die sie gerne mit mir reden wollte. Ich hatte keine Lust mehr, mich ihren Versuchen, mir meinen Lebensweg vorzuschreiben, auszusetzen. Ich wollte keineswegs meine Yogagruppen gegen andere „Berufungen" austauschen, wie sie es von mir erwartete. Plötzlich spürte ich einen so stechenden Schmerz im Unterleib, dass es mir schwerfiel, von unserer Bank im Garten, auf der wir auch nun wieder saßen, zum College zu gelangen. Es muss ein Bild für die Götter gewesen sein: Michelle stützte mich auf einem Bein humpelnd, während ich mich vor Schmerzen krümmte. Ich wollte keine weiteren Diskussionen mehr. Jetzt sofort wollte ich mein altes Leben zurück und bat Michelle, nach Hause zu fahren. Meine Unterleibsschmerzen lösten sich langsam und ich wollte jetzt mein altes Leben zurück. Ohne

Schmerzen und ohne den Druck, irgendetwas verändern zu müssen. Michelle stand mir ratlos gegenüber und versicherte mir, dass ich nicht vor mir weglaufen könne. Diese Woche könnte ich nicht schaffen, ohne etwas zu verändern. Ich hörte ihr nicht mehr zu. Ich verabschiedete mich von ihr und freute mich auf die nun einkehrende Ruhe in meinem Leben. Jetzt, in diesem Moment, würde mein neues altes Leben beginnen, das hatte ich entschieden. Ich machte mich auf den Weg zu Celina.

Mit meinem Koffer, dem Zimmerschlüssel und allen Unterlagen ausgestattet, stand ich nun am Fahrstuhl, der mich gleich in das zweite Stockwerk befördern würde, wo Celina wahrscheinlich in unserem gemeinsamen Zimmer auf mich wartete. Ich schloss die Tür auf, betrat das Zimmer, welches wir mit einer weiteren Frau teilen mussten, und schaute in Celinas freudigen Augen. Ihr Strahlen verblasste schlagartig, als sich unsere Blicke trafen. Sie spürte unmittelbar, was sich in diesem Moment in mir aufbaute. Wie eine Welle türmte sich ein seelischer Schmerz in mir auf und verstärkte sich immer mehr und immer mehr. Ich schrie auf, brach in ihren Armen zusammen und irgendeine undefinierbare schwere Kraft schien mir ganz langsam das Herz aus dem Leib zu reißen. Ich fühlte mich, als würde ich bei lebendigem Leib zerrissen. Alles in meinem Inneren stülpte sich in diesem Moment nach außen und lag schmerzhaft „frei“. Jegliche Schutzmauern, die ich in meinem ganzen Leben aufgebaut hatte, waren eingestürzt und es schmerzte mich bis ins Mark. Celina setzte sich hinter mich aufs Bett, hielt mich fest mit ihren Armen umschlungen und ich begann erneut, vor lauter emotionalem Schmerz aus tiefstem Herzen zu schluchzen. Ich kannte derartige Gefühlsausbrüche bis zu diesem Moment nicht. Niemals zuvor in meinem Leben habe ich so laut geweint, ja fast geschrien vor emotionalem Schmerz.

Es wurde mir etwas aus dem Herzen gerissen, etwas, das ich wie einen Schatz festgehalten hatte. Nicht nur der Schutz, den ich aufgebaut hatte, sondern auch die Liebe zu diesem Teil in mir wurde mir gerade entrissen. Alles was ich war, was ich mir aufgebaut hatte, wurde mir genommen. Ich saß auf diesem Bett und hatte das Gefühl, alles in mir läge frei und könne zerstört werden. Ich war eine offene Wunde, in der man nun bohrte und die allem ausgeliefert war. Ich empfand nur noch Schmerz. Körperlich und mental. Michelle entfernte sich von mir und mit jedem Meter riss sie es mit sich – was auch immer es war. Sie zog etwas aus meinem Körper und ich war sicher, dass sie keine Vorstellung hatte, was sie ausgelöst hatte. Celina sagte: „Kanya, bitte ruf sofort Michelle an! Ich kann dir nicht helfen. Sie hat es ausgelöst und nur sie kann dir jetzt helfen.“ Ich hörte ihre Worte, aber ich konnte nicht antworten. Ich konnte nicht denken. Es war der schwärzeste, schmerzhafteste Moment in meinem Leben! Ich weinte in Wellen. Die Wellen türmten sich immer wieder auf, überschlugen sich und beim Aufprall stürzte ich in den nächsten Schmerz. Celina bat mich inständig, Michelle nun endlich anzurufen. Davon wollte ich jedoch vorerst nichts wissen. Wir schleppten uns in die Kapelle des Colleges, in dem die Vorstellungsrunde und die Einteilung der Teilnehmer in ihre Gruppen stattfinden sollten. Ich bat Celina, meine Anmeldung für unsere gemeinsame Gruppe auszufüllen und ging nun doch zum Münztelefon, das sich in der oberen Etage befand, um Michelle anzurufen. Auf dem Weg dorthin spürte ich ganz deutlich, wie diese Wellen ruhiger wurden. Als ich am Telefon angelangt war, fühlte ich mich fast friedlich. Beinahe wäre ich der Versuchung erlegen, wieder umzudrehen. Aber ich spürte, dass ich in die richtige Richtung ging. Ich brauchte Michelle in diesem Moment. Ich rief sie an und bat sie, umzudrehen. Und ich bat sie, sich mit mir ein Hotel zu suchen, weil es mir wirklich sehr schlecht ging und ich sie bei mir haben wollte, um dieser Welle von negativen Gefühlen zu entkommen.

Um 19:30 Uhr schlich ich mich mit einer Plastiktüte mit dem wichtigsten Dingen darin auf den Parkplatz und Michelle fuhr vor. Sie spürte, dass ich nicht reden konnte. Ich hatte keine Ahnung, was ich hier machte, aber mein Leben war gerade vollkommen aus den Fugen geraten und ich hatte jegliche Kontrolle verloren, die ich immer und überall über mich hatte. Wir mussten einige Hotels ansteuern, bis wir endlich ein Zimmer fanden. Ich erkannte, dass wir nicht unweit vom College waren. Wir hatten uns unbemerkt wieder in diese Richtung begeben, die ich besser kannte als Michelle. Mit ein paar Frauen hatten wir während einer vorangegangen Collegewoche hier häufig im Pub gesessen und fröhliche Abende verbracht. Das Zimmer, das wir nun gefunden hatten, war gemütlich. Michelle fragte mich, was wir essen wollten, in welches Lokal ich nun gerne gehen möchte. Ich war nicht in der Lage, auch nur noch einen Schritt aus der Tür zu gehen und bat sie, ohne mich zu gehen. Ich war unbeschreiblich erschöpft und wollte mich sofort ins Bett legen und schlafen. Ich bat sie, mir Schokolade und Wasser mitzubringen und legte mich sofort hin. Für mich war eine Welt zusammengebrochen. Ich befand mich mit Michelle in einem Hotel. Ich hatte keine Ahnung, warum ich hier war und wie ich diesen Schmerz besiegen konnte, der mich immer noch in Wellen traf. Zeitweise fragte ich mich, wie ich all das meinem Mann erklären sollte. Aber ich war so mit mir selbst beschäftigt, dass ich diesen Gedanken immer wieder aus dem Fokus verlor. Michelle kam nach ungefähr einer Stunde zurück. Die Wellen türmten sich immer wieder auf und schlugen hart zu. Eine nach der anderen und ich weinte die ganze Nacht. Michelle konnte nichts anderes tun, als für mich da zu sein. Ich konnte kaum mit ihr reden. Zwischendurch setzte ich mich auf die Bettkante und flehte Gott an, mich loszulassen, mich vom Haken zu lassen, mir Ruhe zu schenken. Zwischendurch schlief ich immer kurz ein und wachte dann sofort wieder auf. Ich war vollkommen geschwächt.

Heilung kann geschehen

Gegen 8.00 Uhr wachte ich neben Michelle auf. Sie schlief noch tief und fest, als ich mich fertigmachte. Ich verschwand in das Gemeinschaftsbad, das sich auf dem Gang befand, und kam bereit für den Tag in das Zimmer zurück. In mir war alles zur Ruhe gekommen, ich fühlte mich vollkommen anders als noch wenige Stunden zuvor. Durch das Fenster schien die Sonne herein, die bereits aufgegangen war. Es war hell und freundlich draußen und nun wollte ich diesen Raum und alles, was ich hier spüren musste, so schnell wie möglich verlassen. Ich wollte keine Minute länger als nötig hierbleiben. Ich weckte Michelle und bat sie, mich sofort ins College zu fahren. Sie wirkte sehr erschöpft und es würde vermutlich noch Stunden dauern, bis ich hier wegkäme, wenn ich auf sie warten würde. So beschloss ich, mich zu Fuß auf den Weg ins College zu machen, das ja nur wenige Gehminuten von hier entfernt war. Ich bat Michelle liegen zu bleiben, bedankte mich für ihre Unterstützung, verabschiedete mich und machte mich auf den Weg ins College. Ich wusste nicht, ob ich sie je wiedersehen würde, aber mir war bewusst, dass das Band zwischen uns durchtrennt war und eine unglaubliche Veränderung in mir stattgefunden hatte. Was auch immer das ausgelöst hatte, ihre Anwesenheit hatte mir Heilung gebracht, wofür ich ihr zu größtem Dank verpflichtet war. Dieses Gefühl, das ich an diesem

Morgen hatte, ist für mich fast unmöglich zu beschreiben. Kann man beschreiben, wie es ist, ein neuer Mensch zu sein? Wie kann ich in Worte fassen, wie es sich anfühlt, komplett neu zu sein?

Ich hatte mein kleines Beutelchen in der Hand und bog am Ende des Weges links durch einen großen Steinbogen in eine kleine Gasse ein. Gleich dahinter waren Felder und Wiesen, auf denen Pferde standen. Zusammen mit der aufgehenden Sonne ergab alles ein wunderschönes Bild. Ich fühlte mich leicht, glücklich und stark zugleich. Ja, tatsächlich, ich fühlte mich ganz anders als in den vergangenen Wochen. Von gestern einmal ganz abgesehen.

Ich trat durch ein Drehkreuz und befand mich auf dem Gelände des Colleges. Ich musste am Friedhof vorbei und erblickte das imposante Gebäude. Nun darf meine Woche starten, dachte ich. Ich bat den lieben Gott ein letztes Mal, mich nun zu beschützen, wenn ich das Zimmer erneut betrat. Lass mich bitte friedlich hineingehen, ohne dass dieser Schmerz mich noch einmal überwältigt. Mit klopfendem Herzen drehte ich den Schlüssel im Schloss herum, betrat das Zimmer und war alleine. Es war Frühstückszeit. Und es passierte nichts. Mehr konnte ich mir nicht wünschen. Vollkommene Ruhe breitete sich in mir aus. Ich schmiss meinen kleinen Beutel auf das Bett und machte mich mit großem Hunger auf den Weg in den Essenssaal. Celina erblickte mich, nahm mich in den Arm und konnte spüren, dass sich alles in mir verwandelt hatte.

Zwei Personen an unserem Tisch kannten wir bereits von vorherigen Reisen. Ihren Blicken nach zu urteilen, sah ich nicht annähernd so gut aus, wie ich mich gerade fühlte. Ich konnte verhältnismäßig gut essen und im Anschluss an das Frühstück saßen wir in der Kapelle zur morgendlichen Meditation, auf die ich mich jetzt sehr freute.

Die geführte Meditation war sehr besonders für mich. Die Tutorin, die an diesem Morgen die Meditation für uns anleitete, schien nur für mich zu sprechen: „Stellt euch vor, ihr seid auf einem kleinen Feldweg. Es ist ein besonderer schöner Tag. Ihr geht an einer Wiese vorbei, auf denen kräftige Pferde stehen. Im Hintergrund ist ein Wald zu sehen. Es ist der Weg in ein neues bereicherndes Leben. Ihr fühlt euch wie neu geboren und über den Feldern strahlt euch die Sonne entgegen ..." Ich weinte Tränen der Rührung, Celina hielt meine Hand und wir verschmolzen miteinander.

Michelle kam vor ihrer Abreise am Vormittag noch einmal in das College, um sich von mir mit folgendem Satz zu verabschieden: „Kanya, es war ein magisches Abenteuer. Vergiss bitte niemals meine Worte: Du bist mein magisches Abenteuer." Wir haben uns nie wiedergesehen.

Die Zirkel und Durchsagen kommen!

Einige Wochen war ich nun schon wieder zu Hause und in mir fand ein beeindruckender Wandel statt. Nicht nur innerlich. Auch äußerlich veränderte ich mich für jeden sichtbar. Ich konnte es spüren, wie ich selbstbewusster wurde und vor allen Dingen weiblicher. Meinen Groll gegen die geistige Welt hatte ich noch nicht komplett abgelegt. Das Erlebte hatte mir einen gehörigen Schrecken eingejagt und Respekt vor der geistigen Welt eingeflößt. Es gab nicht viele Menschen, denen ich mich anvertrauen wollte, und es flossen immer noch Tränen, wenn ich überhaupt dazu bereit war, es jemandem zu erzählen. Die vergangenen Wochen oder sogar Monate hatten tiefe Wunden hinterlassen, die jedoch ebenso Wunderbares hervorbrachten.

Ich saß am frühen Morgen wie so häufig meditierend in meiner kleinen Ecke im Wohnzimmer. Mein Mann Henry war bereits zur Arbeit gefahren und Rafael schlief noch. Das war die Zeit, in der ich mich zurückziehen und mich meiner Meditationspraxis widmen konnte. Seit meiner Yogalehrerausbildung hatte ich immer wieder Phasen, in denen ich die Meditation regelmäßig praktizierte. Während ich in der Stille verweilte, drangen ganz klare Worte aus der geistigen Welt zu mir durch. Ich hörte keine Stimme von außen. Es war eher, als würde ich mir selber genaue Anweisungen geben, was ich nun zu tun hatte, obwohl ich mich von einer zweiten Person angesprochen fühlte. Ich konnte mir das, was ich gerade an Worten empfing, nicht ausgedacht haben, dessen war ich mir absolut sicher. Folgendes bat man mich sofort zu tun: „Setze dich an deinen Esstisch und schreibe die Namen von einigen Personen aus deinem Bekannten- und Verwandtenkreis auf verschiedene Zettel. Für jeden Namen einen Zettel, den du dann faltest, sodass du den Namen nicht sehen kannst." Ich brach die Meditation ab, setzte mich an unseren Tisch und folgte den Anweisungen. Ich schrieb diverse Namen von Nachbarn, Familie und Freunden auf kleine Zettelchen und legte diese dann in eine Vase. Ich mischte alle Zettel, griff einen heraus, hielt diesen einige Momente „ungeöffnet" in der Hand und schrieb sofort auf, was ich empfing und fühlte. Ich schrieb einfach drauflos, beschrieb eine Person, den Charakter und ihre Aufgaben, Informationen über die Vergangenheit oder über eine Krankheit, die mir in den Sinn kam. Erst wenn ich meinte, alles aufgeschrieben zu haben und die Kraft nachließ, schaute ich mir an, für wen ich geschrieben hatte. Ich war fassungslos. Da ich die Personen kannte, konnte ich sofort nachvollziehen, ob meine Beschreibungen „Sinn" ergaben oder eben nicht. Sie taten es. Bei jedem Einzelnen hatte ich treffsichere Durchsagen erhalten. Das war ein überaus spannendes Unterfangen. Ich berichtete natürlich sofort meiner Freundin Bea davon, die einen Aufruf in einem Netzwerk startete und meine Dienste zu Übungszwecken anbot. So hatte ich innerhalb weniger Stunden schätzungsweise fünfzig Personen, die sich eine derartige Durchsage von mir wünschten. Ich übte Durch-sagen im Akkord und bekam als Dank ein ehrliches Feedback von den dankbaren und erstaunten Empfängern. Eine bessere Übung inklusive Bestätigung hätte die geistige Welt mir nicht senden können.

Es sollte nun endlich die Zeit kommen, in der ich meine ersten privaten Zirkel aufbauen wollte. Viele meiner Kundinnen und Freundinnen baten mich seit längerem darum, diesen Schritt endlich zu wagen, und so begann ich anfangs einmal im Monat eine Gruppe für einen erlesenen Kreis ins Leben zu rufen. Schnell wurden die Abstände geringer und die Gruppen größer. Ich genoss große Dankbarkeit innerhalb dieser Kreise, während die Nachfrage stetig wuchs. Wir meditierten miteinander, machten uns gegenseitig Durchsagen, übten Aurasehen und trainierten mit verschiedenen Übungen unsere Hellsinne. Vor allen Dingen erschien es mir aber meine Aufgabe zu sein, jeden in Kontakt mit seinen persönlichen, geistigen Begleitern zu bringen. Für mich war dies aufgrund meiner persönlichen Erlebnisse eines der ganz zentralen Themen, die ich nun auch in meiner Arbeit in den Fokus rückte. Ich hatte es mir zur Aufgabe gemacht, eine vertrauensvolle, disziplinierte Arbeit mit der geistigen Welt und meinen

Kundinnen aufzubauen, was mir durchaus gelang und was ich auch immer wieder testete.

Wir saßen bereits einige Monate in den Zirkeln zusammen und ich hatte Menschen im Kreis, die ganz präzise ihre Begleiter beschreiben und auch spüren konnten. Wir baten sie immer wieder an unsere Seite, bevor wir in die mediale Arbeit, wie Jenseitskontakte und Durchsagen, einstiegen. An einem Tag wagte ich ein Experiment. Da ich immer wieder zweifelte, ob ich wirklich das, was ich hier tat, machen sollte und dazu berufen war, war es für mich wichtig, „Beweise" zu bekommen. Und so bat ich in einem Zirkel meine Teilnehmerinnen, ihren Geistführer an ihre Seite zu bitten. Innerlich sprach ich zu der geistigen Welt und bat sie, ihre Schützlinge jetzt „nicht" zu berühren und sich nicht zu zeigen. Ich ließ alle Anwesenden etwa 15 Minuten in diesem Zustand, bevor ich sie aus der Meditation holte. Wie üblich besprachen wir unsere Erfahrung und ich sah nun in enttäuschte Gesichter. Eine nach der anderen entschuldigte sich, dass sie heute anscheinend unkonzentriert sei. Keiner hatte gerade einen Kontakt wahrgenommen. Innerlich machte ich Freudensprünge und bedankte mich von Herzen bei den Geistführern für ihre Disziplin. Wir versuchten es erneut und ich erlaubte den Geistführern, ganz nahe zu kommen. Ich schaute in entspannte, vollkommen erfüllte Gesichter, da alle ihren Geistführer spürten und Dankbarkeit empfanden. Genauso wie ich. Ich wusste nun, was meine Aufgabe war und wollte sie ab sofort erfüllen.

Es war der 27. November 2013, mein 44. Geburtstag. Ich hatte einige meiner Freundinnen zu einem ausgiebigen Brunch zu mir nach Hause eingeladen. Es war ein Kommen und Gehen vieler Gäste und das Essen zog sich bis in den späten Nachmittag hinein. Am Abend ging ich mit meiner Familie in ein Restaurant und so war es ein wunderschöner, wenn auch langer Geburtstag. Bereits um 22.00 Uhr ging ich erschöpft zu Bett. Um 23:00 Uhr wachte ich von einer hohen spirituellen Kraft auf, die mich regelrecht wachgerüttelt hatte. Es war durchaus angenehm, die Energie in meinem Körper zu spüren, doch ich war sehr erschöpft und nahm es nur wahr, kaum bereit, wirklich hinzuhören. Immer wieder hatte ich den Impuls und die Bitte wahrgenommen zu „schreiben". Ich wurde immer wieder aufgefordert, einen Zettel zu nehmen und zu schreiben. Obwohl so etwas noch nicht gemacht hatte, fehlte es mir gerade vollkommen an der nötigen Motivation und Neugierde, dem zu folgen und ich sagte ganz klar „NEIN"! Erstens wollte ich nach diesem anstrengenden Tag schlafen und außerdem wusste ich nicht, für „wen" ich schreiben sollte, denn ich hatte bisher nur Erfahrungen darin, für eine bestimmte Person etwas niederzuschreiben. Und diesen Wunsch hatte ich ja nicht geäußert. Ich war also etwas verunsichert und darüber hinaus viel zu müde für ein Experiment. Ich nickte wieder ein. Um ca. 23:30 Uhr wurde ich wieder wach und spürte denselben Drang. Was zum Teufel sollte ich schreiben? Ich war langsam etwas wütend und versuchte wieder zu schlafen und es weiter zu ignorieren. Um 23:50 Uhr kam unsere Hündin Lucy an mein Bett, sprang mich an und kratze mir dabei mit der Pfote einmal kräftig über den Rücken, um dann wieder zu verschwinden. Das hatte mein Hund noch nie gemacht und ich war wirklich erschrocken. Ich gab auf. Ich holte mein iPad hervor und begab mich etwas benebelt in eine Art Wartehaltung auf das, was jetzt kommen könnte. An meinem 44. Geburtstag, um 23:58 Uhr schrieb die geistige Welt ihre erste Durchsage für bzw. „über" mich. Die Worte prasselten in solch einer Geschwindigkeit auf mich ein, dass ich es kaum über die Tasten auf den Bildschirm bringen konnte, obwohl ich durchaus schnell schreiben kann. Während ich schrieb, konnte ich nicht verstehen, ob der Text Sinn ergab. Viel zu schnell erhielt ich folgenden Text:

27.11.2013

Liebe Kanya! Wo warst du all die Jahre? Wir warten mit gestutzten Flügeln auf dich. Geht den Weg gemeinsam. Ihr seid eine Einheit und du bist ein wichtiger Teil einer Mission, hier auf Erden. Du musst hart arbeiten, um ans Ziel zu gelangen. Sehr hart. Es war nicht immer leicht. Aber der Lohn kommt. Wache auf und strebe voran. Wieso hast du uns so lange warten lassen? Dein Kind hat dich nicht abgehalten. Es war ein Zugang, den du nicht genutzt hast. Wir brauchen dich jetzt und fühlen uns gekränkt, dass du uns hast warten lassen. Nimm deine Rolle an und begleite nun die Menschen. Es wird Zeit. Du musst helfen. Dann wird auch dir geholfen. Und du nimmst die Menschen an die Hand. Wir begleiten und richten wieder auf. Aber wir sind nicht verantwortlich für das Leid auf Erden. Vertraue darauf, dass wir dich begleiten und schützen. Wir umgreifen dich mit Engelsflügeln und lüften deine Aura, damit wir dich noch besser begreifen, greifen, erleben können. Nichts ist, wie ihr es seht. Ihr seht es aus der menschlichen Perspektive. Wir sehen Emotionen, Energien, Farben – und du leuchtest. Du leuchtest und bist verbunden. Daher gehe immer zum Licht.

Das heißt, dass Vertrauen, Liebe, Freude, Dankbarkeit und alles Gute zu finden ist. Wo Licht ist, ist auch Schatten. Das gehört zusammen. Aber über den Weg entscheidest du. Deine Gedanken. Deine Emotionen und deine Entscheidungen. Lerne, lebe, liebe, wie wir es dir jeden Tag sagen. In ewiger Liebe."

Einige Tage nach meinem Geburtstag bekam ich an einem Morgen um 4 Uhr eine weitere Durchsage, in der ich darauf vorbereitet wurde, nun regelmäßig um 4 Uhr zu schreiben. Damit begann eine sehr anstrengende aber auch beeindruckende Zeit voller inspirierender Worte und wunderbarer Durchsagen über mich, meinen Weg und auch über Medialität allgemein. Jeden Morgen ging ich in eine mediale Schule und schrieb seitenlange Texte, die mir halfen, mich zu verstehen, meinen Weg zu entdecken und Medialität zu begreifen.

Schwebend zu Hause

Ich lag in meinem Bett und wurde wach, weil ich eine besondere Energie spürte. Es fühlte sich an, als würde immer mehr liebevolle Wärme und Kraft in mir aufsteigen. Es überkam mich eine sehr sanfte, behütende und leichte Energie. Dieser Anstieg war angenehm und ich konnte ihn völlig angstfrei genießen. Um mich herum verblasste alles. Selbst mein Körper schien nicht mehr vorhanden zu sein. Dieser Schwebezustand erinnerte mich an meine erste Reiki-Erfahrung im Fitness-Studio. Nun war ich hier in meinem Bett und durfte selbst entscheiden, wie lange ich hier so verweile. Ich konnte noch tiefer in dieses Gefühl des kompletten Aufgelöstseins eintauchen. Ich genoss diesen wundervollen Moment mit allen Sinnen und tankte auf. Irgendwann jedoch wollte ich die Erde wieder unter mir spüren. Ich öffnete die Augen und war wieder zu Hause, in meinem Bett, neben meinem Mann. Ich war froh, die Energie auch als etwas Leichtes und Schönes erleben zu dürfen, nachdem sie mir in der Vergangenheit so manches Mal Angst und auch Schmerzen bereitet hatte.

Einige Wochen nach diesem wunderbaren Erlebnis kam ein neuer Zirkel-teilnehmer namens Tom zu mir in die Gruppe. Im Kreis erzählte er von genau solch einer Erfahrung. Es tat ihm sehr gut zu erfahren, dass ich diesen Schwebezustand ebenfalls kannte. Ich erfuhr, dass ihm diese Erfahrung eher Angst bereitet und er sich aus diesem Grund von seinen ansonsten wunderbaren Verbindungen zur geistigen Welt abgewandt hatte. Er kam in meinen Zirkel mit dem Wunsch, wieder eine Anbindung zur geistigen Welt zu erhalten, die er vor fünf Jahren bewusst abgebrochen hatte. Nach nur einer Übung hatte er mit Hilfe unserer „Guides“, wie ich meine geistigen Helfer nenne, seine Anbindung zurückerlangt und spürte wieder eine liebevolle Verbindung. Wir konnten im Zirkel förmlich spüren, wie sich alles in ihm entspannte und er voller Freude seinen ersten Zirkel bei mir verließ. Ich wusste noch nicht, dass Tom und ich noch eine wunderbare „mediale Reise“ vor uns hatten.

Mein „Ritterschlag“

Deine mediale Entwicklung ist genauso individuell wie auch jede persönliche Entwicklung individuell ist. Unsere Welt verändert sich jeden Tag – und das ist der Grund, warum Medialität nicht so bleiben kann, wie sie in der Vergangenheit war. Wir würden nur noch schwer bis gar keine Antworten aus der geistigen Welt bekommen, wenn diese Verbindungen sich nicht an unsere Verhältnisse und Entwicklungen anpassen würden. Die geistige Welt bedient sich jedes Einzelnen auf eine ganz individuelle Weise. Lasse alle Erwartungen los – sowohl die Erwartungen anderer als auch die Erwartungen, die du an dich selber stellst. Gebe dich auf deinem medialen Weg vertrauensvoll der Energie deines Geistführers und anderer Begleiter hin und höre zu. Wehre dich nicht, sondern vertraue auf deine Intuition. Es hat einen guten Grund, dass ich dieses Thema mit Nachdruck anspreche. Häufig wurde ich in der Vergangenheit auf meinem medialen Weg kritisiert. Manchmal berechtigt, doch mindestens genauso häufig unberechtigt. Die geistige Welt arbeitet immer auf intelligente Weise mit dir. Sie erforscht dich, dein Tun und Handeln – und wenn du ihr die Möglichkeit gibst, durch dich zu wirken, wird sie es bestmöglich tun und dich fördern und fordern. Ich habe mich dafür entschieden, der geistigen Welt zu dienen und mich trotzdem auch immer mal wieder gewehrt, wenn mir selbst Zweifel an meinem

Kontakt mit der geistigen Welt kamen. Ich hätte es sicherlich einfacher haben können, wenn ich mir und meinem geistigen Team mehr vertraut hätte. Dieses Vertrauen aufzubauen ist eine große Herausforderung, an der ich in jeder neuen Situation arbeiten muss. Das hat sich bis zum heutigen Tag nicht verändert. Es darf mittlerweile allerdings alles etwas zügiger verlaufen, da ich immer häufiger und immer schneller Antworten erhalte. Folgendes Erlebnis war ein Meilenstein meiner Entwicklung und hat mir geholfen, mir nun noch mehr zu vertrauen: Ich freute mich sehr, dass ich wieder eine Woche zusammen mit Celina und Achim, einem Herrn, mit dem wir bereits öfter im College waren, verbringen konnte. Wir drei waren gemeinsam in der Gruppe bei einer sympathischen Tutorin. Während der Vorstellungsrunde durften wir einen Eindruck gewinnen, welche Tutoren uns durch diese Woche führen sollten. Ich erhielt in dieser Zeit für mich persönlich sehr wichtige Antworten. Unter anderem ermutigte mich ein junges Medium es einfach auszuhalten und loszulassen, wenn mein Körper sich wieder einmal schüttelte, auch wenn ich weinend aus der Trance zurückkam, weil es eben sehr intensive Erfahrungen sind, die mich tief berührten oder immer noch überforderten. Dieser junge Mann motivierte mich, langsam die Kraft zuzulassen und sie nicht zu unter-drücken oder als „falsch“ zu bewerten. Diese Kraft gehörte zu mir und würde sich mit der Zeit lösen, wenn das Vertrauen stärker wurde. In unserer Gruppenarbeit musste ich allerdings auch eine sehr unangenehme Erfahrung mit meiner Tutorin machen. Und so war diese Woche ein Auf und Ab: In Dreiergruppen wurde innerhalb eines Übungszirkels Heilenergie gegeben. In dieser Runde arbeitete ich mit Celina und Achim zusammen, was mir half, mich zu entspannen. Alle saßen in vollkommener Ruhe und konzentrierten sich auf die heilsame Energie. Im Wechsel gab einer Energie, der andere war der Empfänger und die dritte Person unterstützte die Übung durch Beobachten. Ich legte meine Hand auf Celinas Rücken und Achim beobachtete diese Sitzung. Ich spürte, wie ich in eine schnelle aber kontrollierte Trance glitt. Ich fühlte mich durchaus in einem Rahmen, in dem ich meine Arbeit so übte, wie ich es gewohnt war, und erlaubte meinem Guide durch mich zu wirken. Ich spürte, wie sich in der Hand, die Celina berührte, die Energie erhöhte. Mein Arm bewegte sich, meine Hand und auch meine Finger. Es war ein ruhiges, angenehmes Gefühl, wenn mein Arm wie in einer Spur geführt wurde und ich war absolut davon überzeugt, dass ich hier dieser Führung, die mir schon so lange von zu Hause bekannt war und die mir viele Beweise geliefert hatte, nachgeben durfte. Häufig wurde meine Hand genau auf die Stelle des Körpers geführt, an der, ohne mein Wissen, das Problem und der Schmerz vorhanden war. Als wir alle unsere Übung abgeschlossen hatten, kam unsere Tutorin zu mir und verkündete vor allen Anwesenden, dass diese Bewegungen nichts mit der Arbeit mit der geistigen Welt zu tun hätten. Die geistige Welt heile nur in Stille und Ruhe und OHNE Bewegung. Ich errötete und war zutiefst verletzt. Sie hatte mich vor allen Teilnehmern in dieser Gruppe bloßgestellt. Alle Selbstzweifel und auch die Zweifel an meinen medialen Verbindungen waren wieder einmal entfacht. In dieser Nacht schlief ich sehr unruhig. Wie an fast jedem Morgen der letzten Monate wachte ich auch hier um 4 Uhr auf, um zu schreiben. In diesem Text wurde ich bestärkt, meiner Intuition weiter zu folgen, auch wenn sie hier nicht erwünscht war. Selbstverständlich hinterfragte ich wieder alles. Schrieb ich diese Worte selbst, weil ICH daran glaubte oder war es wirklich die geistige Welt, die sich mir mitteilte? Ich war voller Zweifel und sehr traurig.

Ein halbes Jahr nach der Aussage der Tutorin, ich würde die Bewegungen selber inszenieren, erhielt ich während eines weiteren Aufenthaltes hier im selben College meinen „Ritterschlag“. Ich sollte endlich erfahren, dass nicht ICH meine Arme willkürlich durch die Lüfte schwang, sondern die geistige Welt tatsächlich ihre Finger im Spiel hatte. Ich besuchte einen Kurs mit Sten Urban, von dem ich hier berichten möchte: Gegen Ende dieser Ausbildungswoche im College machten wir eine Übung, in der wir unsere Guides bitten sollten, Heilung zu geben. Wir sollten versuchen, uns der geistigen Welt soweit zu überlassen, dass unsere Arme bewegt werden konnten. Und sei es auch nur ein paar Zentimeter. Ich traute meinen Ohren kaum, als ich hörte, was wir hier üben sollten und innerlich platzte ich vor Freude. Zu Recht war ich erstaunt, dass es eine Übung zu etwas gab, das ich angeblich immer „falsch“ gemacht hatte. Ich saß mit einem Herrn zusammen und begann mit der Tranceheilung. Die kräftige Energie bewegte meine Arme kontrolliert durch die Aura des Mannes, der vor mir saß. Die geistige Welt führte diese Bewegung leicht, kontrolliert und präzise durch meinen rechten Arm aus. Ich konnte alles in einer tiefen, ruhigen Trance mitverfolgen und bereitwillig loslassen. Plötzlich stand Sten Urban neben mir. Ich hatte die Augen geschlossen, spürte aber, dass er neben mir und meinem „Klienten“ stand und mich zu beobachten schien. Machte ich wieder etwas falsch? Nun spürte ich, dass sich meine Bewegungen veränderten und mein linker Arm, der eher selten in einer Behandlung bewegt wurde, über die Aura meines Gegenübers glitt. Mein Oberkörper wandte sich von der Person kurz ab und dann wechselte die Hand wieder. Es war, als würde die geistige Welt mit mir in einer anderen Sprache kommunizieren. Wir kamen aus der Trance. Sten Urban hatte wieder seinen Platz eingenommen, vergewisserte sich, dass alle Medien bei vollem Bewusstsein waren, bevor er weitersprach und er erklärte uns allen, dass er ein Experiment an mir vollzogen hatte. Er beschrieb, dass er testen wollte, in wieweit „ich“ meine Arme bewege oder ob es tatsächlich die geistige Welt war, die hier auf diese intensive Art mit mir arbeitete. Dafür, so erklärte er es mir und der Gruppe, nahm er neben mir stehend geistig Kontakt zu meinem Guide auf und bat ihn darum, die Arme nun genau so zu bewegen, wie er es ihm mental mitteilte. Meine Hände folgten seinen Anweisungen, die er nicht mit mir, sondern mit meinem Guide geteilt hatte. In diesem Moment, als Sten Urban mir das sagte, war ich einfach nur unbeschreiblich glücklich, dass ich niemals versucht hatte, diese Bewegungen zu unterdrücken, auch wenn es häufig einen Grund dazu gegeben hätte bzw. ich dazu aufgefordert wurde. Ich hätte diese Fähigkeit vielleicht für immer verloren. Diese Bewegungen müssen nicht sein, aber sie sind nicht unbedingt ein Produkt unseres Geistes, wie es oft dargestellt wird, sondern können Vorboten für neue Wege sein.

Zwillingsseele finden

Für mich immer wieder erstaunlich ist die Tatsache, dass die geistige Welt sich unserer Technik bedient und sich dadurch gerne mit uns in Verbindung setzt. Ich hatte mich beharrlich gegen Facebook gewehrt. Doch nun war es an der Zeit, dass Bea mir meinen neuen Laptop einrichtete und mich sofort bei Facebook anmeldete, um mich ihrer Musikgruppe hinzuzufügen, von der sie mir schon so lange berichtete. Es traf sich hier ein überschaubarer Kreis von 10 Leuten, die sich über Musik und alltägliche Themen austauschten. Hier entdeckte ich das Foto von einem Mann mit seinem Sohn. Es stach mir mitten ins Herz und ich spürte, dass ich sofort Informationen über diesem Mann erhielt, die mich sehr überraschten und sehr berührten. Ich spürte unendlich viel Schmerz, der von ihm ausging und der auch mit seinem Sohn zusammenhing. Wir begegneten uns wie selbstverständlich auf dieser Seite immer wieder und es war zweifellos zu spüren, dass er auch mich anders wahrnahm als die anderen Personen in dieser Gruppe. Dass ich nun ständig auf Bilder von ihm stieß, wunderte mich nur kurzzeitig, denn ich spürte, dass ich immer mehr mit Einzelheiten aus seiner Gefühlswelt über Durchsagen und auch über Gefühle konfrontiert wurde, die Ausmaße annahmen, die teilweise unangenehm und schmerzhaft waren. Die Emotionen waren viel zu stark und präsent, und ich konnte mich schwer von ihnen trennen. Ich hatte das Gefühl zu spüren, wenn es ihm schlecht ging, obgleich ich keinerlei privaten Kontakt zu ihm hatte. In dieser Gruppe äußerte er sich in keiner Weise über Privates und ich hatte das Gefühl, ganz viel von ihm zu wissen, ihn fast ständig wahrzunehmen und mit Informationen überhäuft zu werden. Bea konnte mir nichts weiter zu ihm sagen und ich musste häufig bittere Tränen weinen, wenn ich mal wieder etwas über ihn niederschrieb. Aber eines verunsicherte mich besonders: Ich spürte im Zusammen-hang mit ihm „Verlustängste", wie ich es noch nie erlebt hatte. Womit hing das zusammen? Ging es dabei um ihn und seinen Sohn? Hatte es mit einer Beziehung zu tun? Ich schrieb ihn persönlich an, um ihm anfangs wider Willen meine Informationen zu übermitteln. Er hatte mich nicht darum gebeten und daher war ich sehr vorsichtig, ihm meine Empfindung und Informationen mitzuteilen. Er war meinen Ausführungen gegenüber äußerst offen, was mich anfangs verwunderte und seine Aussage, dass ihn das erste Bild, das er von mir sah, fast ebenso beeindruckte, wie ich sein Bild empfunden hatte. Ich sah meine Durchsagen bestätigt und es ging mir damit erheblich besser, denn ich hatte nicht mehr das Gefühl, in seine Privatsphäre eingedrungen zu sein und dafür unter Umständen Ärger zu bekommen. Die offenen Worte, die wir vom ersten Moment miteinander teilten, waren die Basis eines unbeschreiblich vertrauensvolles Verhältnisses, das wir nun täglich aufbauten. Wir ließen vorerst niemanden daran teilhaben, dass wir uns viel austauschten und uns von Woche zu Woche mehr und mehr anvertrauten. Immer noch über eine große Distanz und ausschließlich über Nachrichten in Text und Sprache. Zu einem Telefonat kam es sehr selten und ein Treffen folgte erst viel später. Er befand sich in einer psychosomatischen Klinik, um einige schmerzhafte psychische Zusammenbrüche zu verarbeiten. Über all seine psychischen Probleme, seine Kuraufenthalte und viele persönliche Themen öffnete er sich mir voller Vertrauen. Wir beiden spürten von Anbeginn diese ganz besondere Verbindung.

Nun passierte es, dass die geistige Welt mehr und mehr Einfluss nahm. Sein Name tauchte immer häufiger in Durchsagen von Teilnehmerinnen und Teilnehmern in Zirkeln auf, ohne dass sie von meinem Freund wussten. Keiner kannte seinen Namen oder wusste von seinen Krankheitssymptomen. Es ging plötzlich in fast jedem Zirkel um Jan, ohne dass irgendjemand das bemerkte oder ich es auflösen wollte. Ich konnte es nur beobachten und bestätigen, dass ich wisse, über wen sie sprachen. Ich ließ Jan daran teilhaben und wir staunten über diese Entwicklung ohne zu wissen, was sie bedeutete.
Ich wollte Antworten.

In diesem Zusammenhang hatte ich an einem Samstag in Hamburg – man mag es mir glauben oder nicht – eine recht wundersame Begegnung: Ich saß in einem Café und wurde von meinen geistigen Begleitern gebeten, in ein anderes Einkaufszentrum, das sich ca. eine halbe Stunde von meinem Aufenthaltsort befand, zu fahren. Zum ersten Mal erhielt ich solch eine kuriose Information, die ich vorerst natürlich anzweifelte und ignorierte. Der ständigen Wiederholung dieser Bitte folgte ich lediglich aus großer Neugierde. Ich wurde gedrängt, mich zu beeilen und tat dies. Ich ließ meinen Kaffee stehen und fuhr unmittelbar los. Alleine über die Tatsache, dass ich dies tat, wundere ich mich im Nachhinein. Ich machte mich also auf den Weg in das besagte Einkaufszentrum und begab mich sofort in die Schuhabteilung meines Lieblingsgeschäftes. Ich grinste in mich hinein, ob ich wohl die Schuhe meines Lebens dort finden sollte, denn hier hatte ich schon viele Schnäppchen ergattert. Ich schlenderte durch die Schuhregale und plötzlich hörte ich die Stimme „meines Freundes" Jan Bogert, der gerade sein Patenkind und seinen besten Freund in dieser Gegend besuchte. Jan wohnte immerhin dreieinhalb Stunden von Hamburg entfernt und war nach seiner psychosomatischen Krankheit lange nicht in der Lage, längere Distanzen zu überwinden. Seit einem Jahr war er zum ersten Mal wieder in dieser Gegend. War es also ein Zufall, dass wir uns in diesem Moment hier trafen? Wir hatten uns in dem letzten halben Jahr, in dem wir uns intensiv austauschten, erst einmal getroffen – und nun begegneten wir uns hier nach einem Weckruf meiner Begleiter. Er hatte nicht viel Zeit, weil er sein Patenkind vom Reiten abholen musste, doch wir nutzen den Moment, nahmen uns fest in den Arm und sprachen die wenigen Minuten voller Freude miteinander, bevor sich unsere Wege wieder trennten.

In dieser Zeit entwickelten sich erstaunliche Fortschritte innerhalb meiner Zirkel. Ich hatte zuvor bereits kurz von Tom aus Friedrichskoog berichtet, möchte diese Begegnung an dieser Stelle jedoch noch etwas näher ausführen. An einem Abend hatten sich zwei neue Teilnehmer aus Friedrichskoog angemeldet. Tom kam mit seiner Freundin Reni in meinen Zirkel. Er erzählte uns in der Gruppe, dass er bereits mediale Erfahrungen gemacht hatte, aber die Zirkelarbeit nicht kenne. Tom berichtete uns von Erfahrungen, die ihn ängstigten und dazu veranlassten, sich aus der medialen Arbeit vollkommen zurückzuziehen. Eines nachts, so seine Worte, hatte er das Gefühl gehabt zu schweben und sich aufzulösen, und dies als so bedrohlich wahrgenommen, dass er sich der geistigen Arbeit vollkommen verschlossen hatte. Jedoch vermisse er diese Kontakte zur geistigen Welt so sehr, dass er seit längerer Zeit vergebens versuche, diese Verbindungen wieder zu knüpfen, was ihm alleine aber bisher nicht gelungen war. Innerhalb dieses Zirkels erlebte er einen neuen, intensiven Kontakt zu seinen Begleitern, der nur unterbrochen war. Es war sein Wille, sich zurückzuziehen. Dem wurde stattgegeben und nun stand eine ganze Gruppe von Begleitern hinter ihm, die er wieder wahrnehmen konnte.

Voller Freude wurde er mit seiner Freundin ein fester Teil unserer Gruppe. Von nun an erlebte er eine rasante spirituelle Entwicklung, die wir alle im Zirkel miterleben durften. In den Zirkeln passierte Besonderes, wenn ich mit Tom zusammen in Trance saß. Tom war derjenige, der den Namen JAN BOGERT mit einer Planchette, einem medialen Schreibgerät, über das die geistige Welt kommunizieren kann, auf ein Papier schrieb, ohne den Namen je zuvor gehört zu haben. In Trance agierten Tom und ich wie Geschwister, die sich verloren hatten. Die Anwesenden konnten etwas Eigenartiges spüren und teilten uns mit, dass wir in den Trance-sitzungen in eine Beziehung zweier Menschen eintauchten, die sich sehr nahestanden, aber noch etwas miteinander aufzulösen hatten. Gelegentlich sprach Tom ein paar Worte von Zwillingen, einem Tor und einer brüderlichen Liebe. Wir konnten all das nicht verstehen. Tom erzählte mir nach den Zirkeln häufig von seinen Empfindungen, die denen, die ich bei Jan spürte und uns verband, sehr glichen. Diesen Zusammenhang konnte ich anfangs natürlich nicht deuten. Aufgrund dieser Verbindung zu Jan, die immer noch sehr tief und für mich häufig auch unangenehm war, entschied ich mich ich zum ersten Mal in meinem Leben für eine Rückführung. Ich musste erfahren, warum ich so intensiv in diese Emotionen eintauchte, was diese starken Verlustängste zu bedeuten hatten, die nicht nur ich, sondern nun auch Tom immer wieder spürte. Und vor allen Dingen wollte ich wissen, warum Tom so viel von dieser Verbindung aufnahm. Zu viele Parallelen konnte ich zwischen Jan und mir finden, die auf die Trancesitzungen mit Tom wirkten, ohne dass er involviert war. Die Dame, die mit mir diese Rückführung unternahm, übermittelte mir Bilder, die auch Tom mir beschrieben hatte und die auch von den Teilnehmern der Zirkel ähnlich wahrgenom-men wurden:

„Jan und ich waren Zwillinge. Es war Kriegszeit und wir hatten junge Eltern. Sie waren beide sehr schlank, fast abgemagert. Während des Krieges musste unser Vater, der wohl Jude war, sich von unserer Mutter trennen und mit meinem Bruder fortgehen, um unser beider Leben zu retten. Und wir hatten uns in diesem vergangenen Leben nie wiedergefunden!“

Mir war hiernach sofort klar, woher meine Verlustängste herrührten, wenn ich an Jan dachte. Erstaunlich war, dass diese Ängste nach dieser Rückführung nie wieder auftauchten und gelöst zu sein schienen. Ich spürte Jans psychischen Schmerz nach wie vor über unsere Distanz hinweg, war aber nicht gewillt, den Kontakt zu ihm abzubrechen. Es fühlte sich trotzdem gut an, wenn wir uns austauschten und wir spürten beide eine Art „Heimkommen“, wenn wir uns nach wie vor von unseren

Erlebnissen erzählten. Wir trauten uns offen aber unmissverständlich zu sagen, dass uns der Austausch guttat. Auch wenn Jan wusste, dass ich viel zu häufig seine Emotionen wahrgenommen hatte, bevor er sie mir mitteilte, was für ihn sehr befremdlich war.

CASA EL MORISCO – mein erster medialer Zirkel im September 2014

Wie bereits erwähnt, organisiere ich seit vielen Jahren Yogareisen in die CASA EL MORISCO in Andalusien. Während einer besonderen Woche wollte ich zum ersten Mal Yoga mit medialer Arbeit verbinden und zu diesem Zweck eine Gruppe von 10 Personen in die CASA bringen. Meine Schwiegermutter Rosi und auch mein Mann Henry wollten mich auf dieser Reise begleiten. Am Morgen traf Rosi bei uns ein, damit wir gemeinsam zum Flughafen fahren konnten. Sie war völlig aufgelöst und erzählte uns, dass das Geld für die Casa, das sie sich zurückgelegt hatte, unauffindbar war. Ich rief in der Casa an, um vorab mitzuteilen, dass meine Schwiegermutter im Anschluss an die Reise ihre Übernachtungskosten überweisen würde, was generell nicht üblich war. Während des Telefonates erwähnte Anke, eine Mitarbeiterin der Casa, dass das Haus vollkommen ausgebucht war. Der Information schenkte ich erst einmal wenig Beachtung. Am Flughafen angekommen, fanden sich zügig alle Teilnehmerinnen ein und wir gingen gemeinsam zum Abflug-Gate. Dort sprach uns eine Frau an: „Fahrt ihr auch in die Casa?"

Ich stellte mich als die Kursleiterin der Gruppe vor. „Ach, dann bin ich in deiner Gruppe, mein Name ist

Anja!“, sagte sie zu mir. Das musste ich leider verneinen, denn wir waren vollzählig. Beharrlich wiederholte sie, dass sie in meine Gruppe gehörte. Ich versicherte ihr noch einmal, dass ich alle „meine Schäfchen“ zusammen hätte und sie wahrscheinlich das Wohlfühlprogramm der CASA gebucht hatte. Aufgrund des Gespräches am Morgen mit Anke aus dem Büro wusste ich bereits, dass ein bekannter Yogalehrer einen zweiwöchigen Workshop hielt, in dem sie also auch nicht gebucht sein konnte. Ich war somit die einzige Kursleiterin, die heute anreisen würde. Sie musste zwangsläufig das offene Programm in der Casa gebucht haben. Sie zog ihren Vertrag aus der Tasche, den sie mit mir abgeschlossen haben wollte. Aber es war der meiner Freundin Heidi, die mit ihrer Yogagruppe in der folgenden Woche in der CASA anreisen würde. Ich musste Anja also leider sagen, dass sie den falschen Flug gebucht und sich einfach eine Woche zu früh auf den Weg gemacht hatte. Sie war vollkommen verzweifelt und sprachlos. Ich versprach ihr, in der kurzen Zeit, die uns jetzt vor dem Abflug zur Verfügung stand, die Casa von ihrer Ankunft zu unterrichten, da ich aufgrund des morgendlichen Telefonats vom Engpass an Zimmern wusste. Dann verlor ich sie aus den Augen und suchte sie vergebens im Flugzeug, als wir uns in der Luft befanden. Ich lief den Gang auf und ab. War sie wieder ausgestiegen? Sie hatte kurz darüber nachgedacht, das hatte sie geäußert. Auch in der Ankunftshalle in Spanien konnte ich sie nicht entdecken. Am

Kofferband kam sie dann vollkommen aufgelöst auf mich zu. Sie hatte sich im Flugzeug die Jacke über den Kopf gezogen, um sich zurückzuziehen, entschuldigte sie sich. Nachdem Anja ihren Koffer von Band genommen hatte, wollte sie zur Beruhigung eine Zigarette rauchen. Wir verabredeten uns am Treffpunkt für den Transfer zur Casa im Flughafengebäude. An diesem Tag dauerte alles sehr lange, aber auch nach 45 Minuten war keine Anja zu sehen. Mittlerweile war ich wirklich etwas genervt, dass sie ständig verloren ging, und irgendwie wunderte mich rein gar nichts mehr. Ein Fahrer der Casa traf am Flughafen ein, um einen Teil der Gruppe abzuholen. Ich hatte Anja mehrfach gesagt, dass wir uns an dieser Bar treffen würden, um gemeinsam in die Casa zu fahren. Jetzt warteten wir weitere 30 Minuten, bis wir uns schließlich ohne sie auf den Weg zum Parkhaus machten. Ich hatte keine Ahnung, wo sie geblieben war. Wir gingen aus dem Flughafengebäude – und da stand sie nun. Die totale Verzweiflung war ihr ins Gesicht geschrieben, denn auch sie suchte uns seit einer Stunde. Leider an der falschen Bar.

Am Morgen versammelten wir uns alle in unserem Seminarraum. Anja strahlte über das ganze Gesicht, als sie uns erblickte. Man hatte ihr ein kleines, wunderschönes Zimmer einer Mitarbeiterin zur Verfügung gestellt, welche für einige Tage in dem Haus ihrer Tochter wohnen konnte, und so hatte Anja sich entschlossen, an unserem Kurs teilzunehmen. Wir freuten uns alle mit ihr über diese positiven Nachrichten. Nach einleitenden Worten und einer kurzen Vorstellungsrunde leitete ich die erste Übung an. Wir versenkten uns in die Stille und spürten, wie sich unsere eigene Körperenergie anfühlt. Es ist für die geistige Arbeit von großer Wichtigkeit, sich selber bewusst spüren zu lernen, bevor wir uns mit der Energie der geistigen Welt verbinden. Das kann eine völlig neue und sehr emotionale Erfahrung sein. Wo spüre ich Wärme, Kälte, Energie und Unruhe? Wir übten, diese Körperenergie in bestimmte Bereiche zu lenken. All das gibt Sicherheit für die weiteren Schritte. Nach mehreren Übungen luden wir die geistige Welt ein, näher zu treten. Einige Geistwesen wollten sich zeigen und auch die geistigen Begleiter jedes Einzelnen freuten sich auf die kommende Arbeit: In den ersten Stunden des Seminares war es unser gemeinsames Ziel, diesen Kontakt, der uns sowohl Begleitung als auch Schutz bietet, sicher herzustellen.

Die wunderbare, friedliche Energie, die in der Casa herrscht, förderte unsere Arbeit auf eine ganz besondere Weise. Ohne Einflüsse und den Verpflichtungen des täglichen Lebens konnten wir uns hier der Energie hingeben, uns austauschen und spüren, dass wir den ganzen Tag intensiv von unseren geistigen Begleitern umgeben waren. Hier war die Energie für unsere Arbeit nahezu perfekt. Am Nachmittag setzten uns wieder in den Stuhlkreis und ich leitete einen Teil der Gruppe in eine sehr entspannte Meditation. Die anderen Teilnehmer beobachteten die Verbindungen und sandten ihre Energie, damit der Kontakt zu den Guides intensiviert werden konnte. Als ich den Kontakt für Anja aufbaute, spürte ich eine unglaubliche Freude in mir aufsteigen. Ich spürte die Liebe ihres Geistführers, der sie begleitete und hierher geführt hatte. Im Laufe der Woche wurde uns allen klar, dass Anjas Anwesenheit hier in der Gruppe kein Zufall gewesen sein konnte, denn ihre bis dahin schlummernden medialen Fähigkeiten waren nun eine unermessliche Bereicherung für die Gruppe. Sie war überwältigt von den Möglichkeiten und Fähigkeiten, die in ihr zum Vorschein kamen. Sie konnte sofort wundervolle Jenseitskontakte herstellen, Botschaften übermitteln, Schmerzen aufspüren und wichtige Informationen „abrufen", um Genesung zu fördern. Nicht nur bei ihr war eine berührende Entwicklung zu erkennen. Die ganze Gruppe durchlebte in wenigen Sitzungen starke Veränderungen und ein tieferes, neues Bewusstsein, das uns alle transformierte.

An einem Morgen kam ich in den Zirkel und hatte den Namen ‚Carmen' im Kopf. Die ganze Nacht schwirrte dieser Name in mir umher. Obwohl in unserer Gruppe eine Dame namens Carmen saß, fragte ich in der Gruppe, ob jemand einen Verstorbenen mit diesem Namen kennen würde. Keiner konnte mit dieser Information etwas anfangen und wir beließen es erst einmal dabei, um in die „Arbeit" einzusteigen. Meine Zirkelteilnehmerinnen baten mich, in eine Trance zu gehen, um die „Neulinge" spüren und sehen zu lassen, dass, wenn die geistige Welt uns näherkommt, es über die Hellsinne sichtbar wird und im Zirkel eine Veränderung der Energie auch spürbar ist. Ich saß der Gruppe zugewandt, schloss die Augen und spürte sehr schnell die Präsenz eines kräftigen Mannes an meiner Seite. Diese Präsenz zeigte mir und der Gruppe durch die Bewegung meines Körpers sehr schnell, für welche Teilnehmerin in der Gruppe er gekommen war. Dieser Herr war zweifellos „für“ Carmen hier, denn sofort spürte ich, wie die Energie sich in ihre Richtung bewegte und ich ihr körperlich folgte. Mein Körper neigte sich ihr entgegen und signalisierte durch mich, dass „es“ sie erreichen wollte. Aus meinen Herzen floss Carmen unglaublich viel Energie und Liebe entgegen und ich hätte mir in diesem Moment so sehr gewünscht, in Trance sprechen zu können, um ihr zu sagen, was sich um mich herum an liebevoller Energie umgab. Aber das Sprechen in Trance war mir nach wie vor nicht möglich. Und so nutzte die geistige Welt andere Wege, um sich Carmen mitzuteilen. In diesem Fall meinen Körper und meine Gedanken, die ich ihr erst im Anschluss mitteilen konnte. Es war sehr ungewöhnlich, dass sich mein Kopf stark, nach hinten neigte. Dieser Verstorbene wollte Carmen sein Kinn zeigen - so schien es mir. Es fühlte sich an, als hätte ich dort ein Loch. Und dann hob sich meine rechte Hand. Ich bohrte meinen rechten Zeigefinger in den Unterkiefer. Für mich war das in dieser Trance keineswegs unangenehm, aber ich konnte es trotz des ruhigen Bewusstseinszustandes wahrnehmen. Kurz darauf spitzte ich meinen Mund und ich (in diesem Zustand also das Geistwesen) nahm über die Hellsinne wahr, dass ich mit meinen Händen ihren Kopf hielt und sie küsste. Dann reichte ich/er ihr die Hand, die sie ergriff, und es floss unendlich viel Liebe durch mich zu ihr. Carmen weinte vor Freude und Rührung. Als ich aus der Trance, die aufgrund der Wahrnehmungen, die ich hatte, nicht sehr tief gewesen sein konnte, zu mir kam, löste Carmen das Rätsel des Mannes, der uns hier besucht hatte. Bei Carmen hatte sich ihr lieber Freund Paul gezeigt. Ein Mann, mit dem sie sich regelmäßig zu Konzert- und Opernbesuchen getroffen hatte. Es bestand zwischen ihnen eine unausgesprochene Liebe, der aber keiner von beiden nachgegeben hatte. Carmen hatte das Gefühl, nach dem Ableben ihres Pauls eine Liebeserklärung bekommen zu haben, nach der sie sich so lange gesehnt hatte. Paul hatte Selbstmord begangen, indem er sich eine Schrotflinte an den Unterkiefer hielt und abdrückte. Meine Geste war für sie der Beweis, dass er sich ihr gezeigt hatte. Ein Beweis, für den sie unendlich dankbar war. Zwei Teilnehmerinnen waren nach diesen Beweisen, die sie nicht erwartet hatten, sehr aufgewühlt und zogen sich für diesen Tag etwas zurück. Ein Gespräch nach dem Zirkel konnte die Angst, vor dem, was sie hier wahrgenommen hatten, nur schwer lösen.

In der folgenden Nacht schlief ich etwas unruhig. Meine Blasenschmerzen, die mir das Leben seit vielen Monaten schwermachten, meldeten sich zurück. Ich wurde früh wach und hatte das Gefühl, ich müsste etwas niederschreiben:

„Wir freuen uns! Die Energie, Kraft, Zeit und Bereitschaft ist aufgebaut, dass wir uns über dich mitteilen können, für die Gruppe. Warum ist in euch so viel Unruhe und Unsicherheit zu spüren? Freudige Überraschungen werden wir mit euch gemeinsam hervorbringen. Wir danken allen Teilnehmern von Herzen, die sich uns widmen, ihre Kraft und Liebe an uns senden, damit wir uns mitteilen dürfen. Wünschen wir uns doch so sehr, dass ihr uns erhört und wir euch unsere Liebe spüren lassen dürfen. Wieso ist das Vertrauen zu uns nicht da? Hier dürft ihr wachsen. Was kann euch passieren, wenn ihr euch uns anvertraut und uns in Liebe spüren dürft? Welche Ängste hindern euch daran, unsere Liebe zu empfangen und sie in euch erblühen zu lassen? Eure Schicksalsschläge bringen nicht wir hervor. Wieso nur gebt ihr den Gedanken des Schmerzes an uns ab, schließt die Türen des Bewusstseins und lauft vor uns davon? Wieso? Was können wir tun, damit unsere Liebe euch erreicht und überzeugt? Unsere unermessliche Kraft möchten wir euch zeigen. Wir wünschen uns, zeigen zu dürfen, wieviel Hilfe euch diese Zusammenkunft im Leben bringen kann, damit ihr frei werden könnt - im Denken, im Handeln, in der Liebe zu

euch und zu anderen. Dann seid ihr frei und könnt wachsen. Ihr könnt über euch hinauswachsen - uns entgegenkommen. Mehr und mehr. Eine Verbindung aufbauen und frei und glücklich sein, das ist das Ziel unserer Zusammenkünfte. Wut und Angst schnüren euch die Kehle zu. Es fehlt der Fluss an Energie. Keine Kommunikation mit uns, zu euch selbst und zu den Menschen um euch herum. Der Schmerz übermannt euch und ihr könnt nicht raus aus den Vorurteilen gegen uns. Wie können wir euch die Angst vor der tiefen Verbindung zu uns nehmen? Wir bemühen uns voller Kraft, euch beizustehen während dieser Tage. Wir sind aufgeregt vor jeder Runde wie kleine Kinder. Es ist so unglaublich aufregend und eine unermessliche Freude für uns, dass ihr euch die Zeit nehmt, uns ein Stück näher zu kommen. Öffnet noch ein wenig mehr eure Arme. Wir springen voller Freude und Liebe hinein. Wir sind euch so nah und können kaum noch mehr geben. Nichts liegt ferner, als Schmerz zu senden. Wir wollen euch liebevoll erreichen, damit ihr immer wiederkommt und eure Arme vertrauensvoll ausbreitet. Tatsächlich werden wir viele Kontakte aufbauen wollen. Hier warten viele liebe Seelen auf Kontakt. Mehr als ihr vermutet. Ihr seid blockiert im Moment des Kontaktes und dann kommt die Erlösung. Das braucht Zeit. Gespräche. Tränen - und Heilung darf geschehen. Wir sind Heilung. Kein Kontakt zu uns lässt das außer acht. Jeder Gedanke bringt Erlösung und ein

Stück Befreiung auf verschiedenen Ebenen. Keiner von euch ist frei von Ängsten. Lasst es los. Lasst die Kontrolle los. Wir begleiten euch in unser Reich und wieder zurück. Dabei dürft ihr hinter die Kulissen schauen, dürft eintreten in unsere Welt, wieder zurückkommen und eurer Welt berichten, wie es ist, nach Hause zu kommen und wieder in die weite Welt hinauszutreten. Nach Hause zu kommen bedeutet, in das Reich der Sicherheit, Liebe und Freude einzutreten. Ihr vergesst, wie schön es war, weil eure Erinnerungen tief in euch richten. Euch ängstigen. Aber die Angst ist hier bei euch. Es ist nicht die Angst vor unserer Welt. Ihr werdet euch eurer Angst bewusst, wenn ihr zurückkommt. Es ist die Angst vor dem Leben, die ihr spürt. Diese Angst projiziert ihr auf uns - sie ist fehlgeleitet. Also öffnet eure Arme und habt keine Angst vor dem Leben, keine Angst vor uns. Es ist eine so kurze Reise für euch. Es ist das Ziel unserer gemeinsamen Reise, Gefühle auf diesem Weg intensiv wahrzunehmen. Es geht um Emotionen, Gefühle, Liebe, Schmerz. Nichts anderes ist das Ziel dieser Reise. Aber sich mit uns zu verbinden - das ist nicht Angst. Dieses Gefühl kommt danach und ihr werdet euch intensiv dieser Angst eures Daseins bewusst. Und nun öffnen wir gemeinsam die Arme. Laufen uns entgegen und freuen uns an der Nähe. Wir sind bereit, euch aus den Startlöchern zu holen. Rennt, rennt, rennt in unsere Arme. Sie sind groß und stark und halten dich.
(Durchsage vom 10.09.2014, 1:20 Uhr)

Hier in der Casa hatten wir die Möglichkeit, alles Erlebte miteinander auszutauschen, Antworten und Wege zu finden, diese Erfahrungen optimal und bereichernd in unser Leben zu integrieren. An einigen Abenden unternahmen wir nach den Zirkeln Ausflüge nach Malaga, tanzten in Flamenco-Bars und genossen das Leben genauso wie die tagtäglichen Reisen in „andere Welten". Ich finde es sehr wichtig, das Leben zu spüren, zu lachen und zu tanzen, in die Energie einer pulsierenden Stadt wie Malaga einzutauchen und dies ebenso zu spüren, wie wir während tiefer medialer Übungen besondere Entwicklung erlebten. Voller Dankbarkeit für unser SEIN haben wir während dieser Reise Feste gefeiert und die geistige Welt jeden Tag dazu eingeladen. Mit vielen intensiven und bereichernden Erfahrungen ging eine wunderbare Woche zu Ende, in der wir Lebensfreude genauso lebten wie wertvolle Jenseitskontakte.

Nico - der Schlüssel

Während einer meiner Zirkelabende bei mir zu Hause hatten wir füreinander Trancesitzungen abgehalten. Heiko, einer meiner Teilnehmer, behandelte mich. Nach dieser Sitzung bat er mich, in den nächsten Tagen zu einer Heilsitzung zu ihm nach Hause zu kommen. Sein Guide hätte ihn gebeten, es mir mitzuteilen. Weiter riet er mir, auf meinen Unterleib zu schauen. Ich hörte aufmerksam zu, sah allerdings keine Veranlassung, diesem Rat zu folgen. Hätte ich das doch bloß getan... Doch ich kümmerte mich nicht wirklich um diese Botschaft und fuhr stattdessen mit Celina und Achim ins College. Wir hatten großes Glück, dass wir in der Gruppe unseres Wunschtutors Sten Urban wiederfanden. Der einzige Wermutstropfen war mein Gesundheitszustand. Seit Monaten quälten mich diese unbeschreiblich schmerz-haften Blasenentzündungen. Ich musste mehrmals das Antibiotikum wechseln, bis Linderung eintrat. Diese hielt sich leider nur während der Dauer der Einnahme und nach maximal einer Woche setzte die nächste schmerzhafte Phase ein. Heikos Rat hatte ich völlig vergessen und so kam es nie zu dieser Heilsitzung, dafür aber zu einer hinreißenden Geschichte.

Eine etwas kuriose Durchsage erreichte mich etwa 8 Wochen vor dieser Reise ins College, in der ich wieder einmal geplagt war von einer schmerzhaften Blasenentzündung:

„Liebe Kanya,
(...) wir brauchen die Energie eines Mannes, um Heilung zu fördern. Er ist der Schlüssel zu deiner neuen Weiblichkeit, Heilung und sexuellen Energie (...). Dein Mann wird es nicht können.“

Natürlich muss sich hier jemand aus der geistigen Welt einen Scherz mit mir erlaubt haben, denn sie wussten sicher nicht, WAS mein Mann alles konnte. Ich musste wirklich lachen, als ich diese Information las und war sicher, dass bei dieser Durchsage einfach etwas falsch gelaufen sein musste. Ich würde sicherlich niemandem einen Schlüssel zu meiner Weiblichkeit geben, zumal ich glücklich verheiratet war und bin. So amüsierten meine Freundin und ich uns köstlich über diese Eingebung und machten häufig und zu vielen passenden Gelegenheiten Scherze darüber. Für mich war dies eine wirklich witzige Anekdote, die ich niemals veröffentlicht hätte, wenn nicht in der Zeit im College etwas Außergewöhnliches passiert wäre: Wir bildeten dort unseren medialen Kreis mit Sten Urban. Zwischendurch hielt er inne, ließ sich in Trance versinken und seinen Geistführer durch ihn zu uns sprechen. Es war wirklich sehr beeindruckend zu sehen, in welch einer Geschwindigkeit das Sprechen in Trance von ihm bewerkstelligt wurde. Am diesem Nachmittag sollten sich jeweils zwei Menschen Trancesitzungen geben. Ich fand mich für diese Übung mit einem Mann zusammen. Zuerst behandelte ich ihn. Ich setzte mich hinter ihn, legte meine rechte Hand auf seinen Rücken und ließ die Heilenergie aus mir strömen. Schon hier spürte ich eine faszinierende, kraftvolle Energie von ihm ausgehen. Es fühlte sich für mich an, als würden wir gemeinsam in einem Luftballon sitzen und die geballte Energie gemeinsam atmen und auch zusammen spüren. Sein Blick verriet mir, dass er es ähnlich intensiv empfunden haben musste, doch wir redeten nicht weiter darüber. Wir tauschten die Plätze und er legte nun seine rechte Hand zwischen meine Schulterblätter. Gemeinsam glitten wir erneut in eine tiefe, heilende Trance. Ich spürte, wie sich die Energie aus seinem Arm durch meinen Rücken hinab in meinen Unterleib bewegte und Heilung geschah. Ich war voller Dankbarkeit, denn ich brauchte die heilsame Energie in dieser Gegend so dringend, waren meine Blasenschmerzen doch immer noch sehr präsent und blockierten mich in vielen Übungen, da ich mich nicht entspannen konnte. Sten Urban beendete die Heilsitzung. Ich hoffte inständig, dass der Mann hinter mir nur ansatzweise wahrnahm, was ich spürte und nicht ruckartig seine Hand wegnehmen würde, was vermutlich schmerzhaft gewesen wäre. Er löste seine Hand in Zeitlupe von meinem Rücken und zog damit spürbar Zentimeter für Zentimeter seine Energie aus meinem Körper. Ich schaute dem Mann nicht in die Augen. Wir wurden nacheinander nach unseren Erfahrungen befragt. „Ich hatte eine erstaunliche Erfahrung mit Kanya!“, sagte der Mann neben mir in der Feedback-Runde. Die ganze Gruppe lachte, ich errötete und Sten Urban betonte, er wolle nicht mehr wissen, Nico möge bitte schweigen und genießen. Mir ist erst später aufgefallen, dass das Antibiotikum nun endlich wirkte. Nach dieser intensiven Erfahrung mit Nico saßen wir beide in allen Meditation zusammen, ganz gleich, ob diese nun in der Kapelle oder im Kursraum stattfanden. Wir genossen den „Luftballon“, der sich jedes Mal um uns schloss und uns abheben ließ, und wir nahmen Celina gerne mit auf unsere Reisen, wenn sie sich neben uns platzierte. Celina und ich teilten uns ein Zimmer mit einer dritten Person. Den vielen Zimmern auf unserem Flur standen nur zwei Damenduschen zur Verfügung. Während unsere Zimmergenossin unter der Dusche stand, huschten bereits vier andere unter die zweite Dusche. Man kann sich also vorstellen, dass wir immer auf der Hut waren, vor unserer Mitbewohnerin zu duschen, wollten wir doch pünktlich zum Frühstück.

Ich beeilte ich mich an diesem Morgen wieder sehr, aber sie huschte an mir vorbei und ich wusste, die Zeit würde knapp werden, meine Croissants zu ergattern. Und so schlenderte ich in Celinas Bademantel langsam zu den Damenduschen, wohl wissend, dass es wieder einmal lange dauern würde. Die wenigen männlichen Gäste waren in der unteren Etage untergebracht. Direkt neben den

Damenduschen befanden sich die Herrenduschen, die täglich unbenutzt blieben. Es waren Einzelkabinen und das Licht blieb auch heute früh ausgeschaltet. „Ach was soll's?“, dachte ich mir, „Die Croissants warten nicht auf mich.“ Ich verschwand in einer der Herrenkabinen und warf geschwind mein Handtuch und meinen Slip über die Duschkabinentür und sprang unter die Dusche. Etwas aufgeregt hüllte ich mich anschließend in Celinas Bademantel und beeilte mich, in unser Zimmer zu kommen. Hier erzählte ich Celina von meinem kleinen Ausflug und wir amüsierten uns köstlich. „Wo ist mein Slip?“, fragte ich dann Celina. Ich suchte ihn überall. In den Taschen des Bademantels, im Handtuch. Vor meinem geistigen Auge sah ich ihn über der Duschkabine hängen. Celina schrie vor Lachen. Aber ich zog mich in Windeseile an und rannte zu den Männer-Duschkabinen zurück um meinen Slip zu holen. Ich hörte, dass nun jemand hier duschte und zeitgleich hörte ich Celinas lautes Lachen über den Korridor. Ich versuchte, so teilnahmslos wie nur irgend möglich vor den Herrenduschen zu stehen und schaute aus dem Fenster. Der „Luftballonmann“ stand nun vor mir. „Kanya, warum stehst du hier vor der Herrendusche herum? Hast du vielleicht deinen Slip verloren? Jetzt weiß ich auf jeden Fall, dass es einen Gott gibt ... 88 Leute im College – und ich habe deinen Slip gefunden ...“

Innerlich schrie ich vor Lachen über diese Situation. Zudem hatte ich an dem Morgen mal wieder mein iPad zur Hand genommen und eine Durchsage geschrieben, für die ich um 4:00 Uhr von meinen geistigen Begleitern geweckt wurde. Sie handelte von Nico – dem Luftballonmann, der jetzt hier vor mir stand. Die Durchsage beschrieb ihn, seine Medialität und Persönlichkeit. Ich maß dem keinerlei Bedeutung bei, grinste aber jetzt umso mehr in mich hinein. Er wurde als ein freundlicher Mann beschrieben, der ein wunderbares Leben führte und weit entwickelt war, glücklich verheiratet, diszipliniert seinem medialen Weg verfolgte ... und so weiter ...

Dinge, die mich eigentlich nicht weiter interessierten, weil sie für mich nicht wichtig waren - außer, dass wir zusammen in dieser unglaublichen Energie sitzen konnten und ich wieder mal „fliegen durfte". Wozu sollte ich wissen, wie weit entwickelt er war und dass er heilen konnte? Keineswegs war ich daran interessierst, ihm den „Schlüssel meiner sexuellen Energie" in die Hand zu geben, woran ich jetzt natürlich denken musste. Aber diese Situation, die sich hier gerade ergab, war so unglaublich kurios, dass ich sie trotz einiger Widerstände in diesem Buch mitteilen und auch noch weiter ausführen muss, weil sie noch nicht zu Ende ist.

Celina, Nico und ich saßen am letzten Abend bis spät in die Nacht in der Bar. Wir lachten, klönten und tanzten zusammen. Die Nacht war kurz, weil wir bis etwa 3 Uhr zusammensaßen. Um 5 Uhr brachte Nico „gentlemanlike" erst mich und etwas später auch Celina zum Flughafen, bevor er nach Hause fuhr. Während dieser Woche im College ermutigte Sten Urban uns immer wieder, physikalische Zirkel zu eröffnen, um die physikalische Energie zu erhöhen und deren Entwicklung zu fördern. Nico war in der physikalischen Medialität sehr erfahren. Er hatte bereits einige Zirkel besucht und war selbst in der Lage, physikalische Phänomene hervorzubringen. Ich konnte viele wichtige Informationen zum Aufbau eines solchen Zirkels von ihm erhalten und war davon überzeugt, gleich zu Hause einen solchen Zirkel einzurichten. Dazu erhielt ich im College eine weitere Durchsage:

„Das Konzert ... Wir sind ein Orchester! Ein Orchester der Energie – und sofern wir gemeinsam ein Stück spielen wollen, ist es wichtig zu verstehen, dass jeder sein Instrument beherrschen lernen muss. Beherrscht er sein Instrument, so ist es wichtig, dass das Orchester zusammenspielen lernt. Übt und übt – und jeder wird sein eigenes Instrument spielen und neu entdecken. Er wird sich einfügen in das Spiel der anderen Instrumente, damit es ein harmonisches und erfolgreiches Konzert gibt. Habt ihr eine Vorstellung davon, wie viel Übung es bedarf, ein harmonisches Konzert zustandezubringen? Ein Konzert, das alle mitreißt und Früchte trägt? Ohne schiefe Töne und Missverständnisse? Dies hat Folgen und man muss neu

starten. Wieder und wieder und es muss geübt werden. Mehr ist dazu nicht zu sagen. Jeder hat seinen Teil beizutragen und sobald jemand fehlt, ist er zu ersetzen. Aber dieser muss neu in das Spiel integriert werden. Jeder in diesem Konzert muss sich einstellen, umstellen und vor allen Dingen sich extrem konzentrieren, Zeit opfern - damit alle zusammenkommen. Und dennoch hast du einen extrem großen Vorsprung. Nur DU entscheidest, wann wir üben. Und ob wir üben. Das ist ganz einfach. Aber hier liegt das Problem. Erst wenn der Dirigent sein Podest betritt und den Einsatz anschlägt, findet die Übungsphase für alle und das Konzert statt. Wird das Konzert einfach gespielt oder Stimmen sich alle Instrumente ein? Habt ihr eine klare Vorstellung von der Arbeit eines Komponisten? Jedes Teil muss mit jedem Instrument harmonieren. Es ist eine unglaublich intensive Phase mit einem wunderbaren Ergebnis, sofern Hingabe erreicht wird. Das Ergebnis ist hinreißend. Üben, üben, üben. So entstehen das Klangerlebnis und eine erfolgreiche Zusammenarbeit von vielen einzelnen Talenten zu einem harmonischen Konzert. Was aber nützt ein Talent, wenn alle anderen schief spielen? Also bedenkt: Jeder Einzelne von euch sollte sich in die Stille begeben und sein Instrument spielen lernen, bevor er sich in den Übungskreis begibt. Wer dies nicht tut, braucht diesen Zirkel nicht zu besuchen. Oder sich wundern, dass sein Beitrag in das Spiel stockt, manchmal hinderlich ist und schiefe Töne entstehen.

Talent liegt in der Wiege. Wer Talent einbüßt, muss Zeit opfern. Egal auf welcher Seite ihr steht.
30.10.14

Ich möchte zurückkommen auf die Geschichte mit dem „Luftballon-Mann“ Nico. Die Woche in England war beendet und Nico, Celina und ich waren wieder zu Hause und hatten weiterhin regen Kontakt. Nico und ich philosophierten gerade durch Sprachnachrichten über unsere Trance-Erfahrungen und ich erzählte ihm nebenbei, dass ich erkältet sei. Er bat mich, das Handy auszuschalten, um Fernheilung von ihm zu empfangen. Ich hatte nicht erwartet unmittelbar etwas zu spüren, denn ich war zu erschöpft, mich darauf wirklich einzustellen und vermutete, während der Energieübertragung einzuschlafen. Und so lag ich in meinem Bett und spürte erst einmal, wie erwartet, gar nichts. Nur wenige Momente später fühlte ich jedoch plötzlich diesen Ballon, der uns schon im College verband. Er baute sich gerade über uns auf und direkt darauf erhielt ich einen fiesen Faustschlag in meinen Unterleib. Und das war keine Einbildung. Ich spürte kurz darauf einen weiteren heftigen Schlag und noch einen. Mir wurde davon sofort sehr übel. Es war, als würde man mir irgendetwas in den Unterleib rammen. Vier oder fünf Mal. Ich musste würgen und hielt meinen Unterleib fest umschlossen, als müsste ich ihn vor erneuten Schlägen schützen. Ich war davon überzeugt, dass es nun wirklich genug sei, nahm mein Handy und schrieb Nico, dass ich mich für die Heilung bedanke - auch wenn es mir gerade bescheidener ging als zuvor. Aber sein Handy war ausgeschaltet und er schickte weiterhin munter Energie. Ich rannte unmittelbar auf Toilette und musste mich übergeben. Als ich zurück in mein Bett kroch, empfing ich gerade Nicos Antwort. Ich hörte mir seine Sprachnachricht an und mir flossen die Tränen über das Gesicht, als ich realisierte, was er mir gerade mitteilte. Ich konnte nicht glauben, was er für Durchsagen von der geistigen Welt bekommen hatte: Er spürte alle meine Chakren auf und beschrieb deren wunderbaren Fluss. Nur das Sakralchakra, mein Sexualchakra, war total blockiert, sagte er. Er hatte das Gefühl, dass ein Stein auf diesem Bereich lag. Und er hatte an diesem Stein, den er in mir wahrgenommen hatte, immer wieder herumgerissen. Das waren vermutlich die Schläge, die ich gespürt hatte. Mit jedem Wort wusste ich, wovon er sprach. Aber er konnte diesen Stein nicht entfernen und bat die geistige Welt um Hilfe. Dann bekam er eine Information, die mich vollkommen überraschte: Er erzählte mir, dass man ihm einen „Schlüssel“ zeigte, durch den er Zugang zu meinen unteren Energiezentren aufnehmen konnte. Er spürte, wie sich ganz langsam die Energie dort löste und alles ins Fließen geriet. Darüber hinaus sprach er über meine Sexualität. Dieser Mann wusste nichts von mir und meiner Vergangenheit. Er hatte niemals von diesem „Schlüssel“

gehört und dennoch war er der Zugang, der alles veränderte. Er war der Schlüssel zu mir. Ich durfte in den nächsten Wochen so unglaublich viele Ängste und Spannungen und Schmerzen loslassen, die mein Leben von nun an komplett veränderten. Er war der Mann aus meiner Durchsage, über die ich wochenlang mit meinen Freundinnen gelacht und an die ich niemals geglaubt hatte.

Weitere Erfahrungen

Ich erhielt einen Anruf. Auf der anderen Seite der Telefonleitung weinte eine Dame ganz bitterlich, als sie mich hörte. Nachdem ich ihr ein paar Fragen zu mir und meiner Arbeit beantwortet hatte, konnte ich sie vor Schluchzen überhaupt nicht mehr verstehen. Langsam beruhigte sie sich und sie erzählte mir von ihren Problemen. Vor einigen Monaten, so berichtete sie mir, bat sie Gott inständig um Hilfe. Sie bat ihn, jemanden zu schicken, der ihr Hilfe und Antworten auf ihrem spirituellen Weg geben könnte. Sie wohnte 800 Kilometer von mir entfernt und vorerst konnte ich ihr über die Distanz nicht optimal helfen. Der „Zufall" wollte es, dass ich mich bald in diese Region begeben sollte, und so schlug ich ihr ein Treffen vor. Als sie mich wenige Wochen später bereits empfangen konnte, war sie unglaublich aufgeregt, mich zu sehen. Sie sah erschreckend schlecht aus. Ihre Gesichtsfarbe war grau. Zu diesem Treffen hatte sie noch einige Frauen eingeladen, die mich ebenfalls kennenlernen wollten. Ich berichtete von meiner Arbeit mit der geistigen Welt und wir wollten bald mit den Übungen beginnen. Wir stimmten uns mit einer Meditation auf die kraftvolle Energie ein. Später führte ich die Damen in eine weitere Meditation, in der sie mit ihrem Geistführer Kontakt aufnahmen. Generell übernehme ich erst einmal die

Führung und spüre in die Situation hinein, was passiert. Ich spüre sozusagen in die Verbindung und verstärke, korrigiere oder bremse die Energie ein wenig. Ich überließ jedoch zum ersten Mal der geistigen Welt die Führung, weil ich darum gebeten wurde und ich mittlerweile diesen Bitten vertraute. Ich ließ sie alle zusammen verhältnismäßig lange in diese Verbindung hineinspüren, bevor ich sie aus dem Kontakt zurückholte. Ich ließ mir wie üblich im Anschluss an die Übung berichten, was die Teilnehmer erlebt hatten, um Fragen zu besprechen. Was mir diese Frau dann berichtete, war sehr speziell: Ihr Geistführer begleitete sie zu ihrer Beerdigung! Ich muss zugeben, dass ich zutiefst betroffen war, das zu hören. Ich vertraue der geistigen Welt, immer das Richtige zu tun. Dies hier hörte ich nicht gerne und war etwas irritiert. Ich höre gerne von schönen Wiesen und tollen Botschaften, die Licht und Heilung bringen. Aber die eigene Beerdigung zu zeigen ...? Ich war, ehrlich gesagt, nicht begeistert. Sie erzählte weiter, dass sie all ihre Verwandten und Kinder um ihr Grab stehen sah. Sie führte weiter aus: „Mein Begleiter offerierte mir zwei Möglichkeiten. Er bat mich, mich „jetzt" zu entscheiden. Für das Leben oder dagegen. Und ich entschied mich für das Leben. Voller Überzeugung!" Ich hatte keine Ahnung, dass sie Selbst-mordgedanken gehegt hatte, von denen sie uns nun berichtete. Nicht nur, dass wir das gerade unglaublich berührend und heilsam fanden, wir betrachteten sie und waren sprachlos über ihre

Veränderung. Ihre Gesichtsfarbe hatte sich so enorm verändert, dass es so aussah, als käme sie von einem erholsamen, sonnigen Kurzurlaub.

DAS ist mediale Arbeit, wie ich sie immer wieder liebe. Sie steckt voller Überraschungen und ist „immer“ Heilung. Ich habe es nie anders erlebt und bin sicher, dass man sie unter anderen Umständen nicht mit diesem Bild konfrontiert hätte.

Auch die folgenden Kapitel sollen deutlich machen, welche Möglichkeiten und welche Art von Heilung und Entwicklung geschehen kann, wenn wir die geistige Welt an unsere Seite bitten.

Silke und Walter

Schon eine ganze Weile gehen Silke, meine Nachbarin, und ich jeden Morgen mit unseren Hunden Gassi. Als sie von meiner Arbeit erfuhr, brannte sie darauf, mehr von meinen medialen Erfahrungen zu hören und wir tauchten von nun an jeden Morgen voller Freude in diese Themen ein. Silke besuchte mit ihrem Mann seit einigen Jahren einen Heiler aus der Umgebung. Walter war ihren Ausführungen nach zu urteilen ein begnadeter Heilkundiger und ich wollte ihn natürlich unbedingt kennenlernen. Wir fuhren an einem Nachmittag gemein-sam zu Walter nach Hause, wo er ‚praktizierte'. Das war wirklich eine der kuriosesten Begegnungen, die ich je hatte. Wir traten in sein Wohnzimmer, wo bereits vier oder fünf Frauen auf einer dunklen, ausladenden Ledercouch saßen. Jede dieser Damen hielt ihre Frauen-Zeitschrift in der Hand. Schon dieses Bild wollte nicht in meine Vorstellung passen, die ich von würdiger Heilarbeit hatte. Walter thronte auf einem überdimensionalen Sessel in der Ecke des Zimmers und nach und nach setzten sich die Patienten, die um Heilung baten, vor ihn. Neben der kurzen Versenkung, in die er sich immer mal wieder begab, gab er vor allem anzügliche Witze zum Besten. Zwischen den Sitzungen wurde dann mit den Patienten oder auch alleine eine Zigarette geraucht. Ich erinnere mich noch daran, als wäre es gestern gewesen, dass ich vollkommen entsetzt war und meinen Unmut über ein derartiges Vorgehen sichtbar über meine Mimik zum Ausdruck brachte. Damit waren unsere Sympathiepunkte füreinander bei null. An einem Morgen erzählt mir Silke voller Verzweiflung, dass Walter verstorben sei. Er hatte einen Herzinfarkt erlitten. Sie bat mich kurzerhand um einen Zirkel, um zu sehen, ob er sich zeigen wollte und konnte, denn sie hatte noch so viele Fragen. Ich bat Silke, für den nächsten Tag einige Teilnehmerinnen zu finden, die Walter kannten und die bereit waren, an solch einer Sitzung teilzunehmen. Bea bat ich, mich dabei zu unterstützen.

Wir saßen mit fünf Frauen gemeinsam in einem Stuhlkreis in meinem Zirkelraum, während ich erklärte, dass ich nun in Trance gehen und mich mit der geistigen Welt verbinden wollte, um Walter zu bitten, sich uns zu nähern und sich uns irgendwie mitzuteilen. Nach wie vor war es mir nicht möglich, in Trance zu sprechen und der geistigen Welt meine Stimme zur Verfügung zu stellen, aber über Bewegungen, Gesten und Gedanken hatten wir bereits viele Beweise für die Authentizität der Kontakte bekommen. Ich schloss die Augen und spürte erst einmal nur die freudige Erwartung aller Anwesenden. Mein Körper füllte sich mit Energie. Wie ein Staudamm, der mehr und mehr ansteigt und dann über Bewegungen ein Ventil sucht, bewegte ich mich direkt auf Silke zu. Sie saß mir gegenüber und ich bzw. Walter schenkte ihr die volle Aufmerksamkeit. Ich konnte seine Präsenz sehr stark spüren. Meine rechte Hand wurde hin und her geschüttelt und ich fixierte Silke regelrecht. Ich vernahm einige „Oohhs“ und „Aaahhs“, konnte aber nicht einordnen, was die Damen wahrgenommen hatten. Mein Gesicht begann zu zittern und ich spürte dies besonders deutlich, ebenso wie die Bewegung in der rechten Hand. Ich sackte wie ein Mehlsack in mich zusammen. Ich muss wirklich komisch ausgesehen haben während Silke nun „Walter“ begrüßte und ihn bat, seine Heilfähigkeiten an mich weiterzugeben. Mich durchzuckte das Gefühl der Abneigung, das von mir und gleichzeitig auch von ihm kam. Ich erschrak fast bei der Frage, die Silke ihm stellte, denn ich wollte Walter nicht als einen meiner Helfer. Zwei Stimmen schrien in mir laut „NEIIIIN“. Meine und Walters. Wir passten zu Lebzeiten nicht zusammen und ich glaubte schon damals, dass fehlende Sympathie keine gute Voraussetzung für eine Verbindung in dieser Dimension sei. Kurz darauf streckte ich (oder Walter) Silke meine Hand entgegen. Auf Nachfragen ergriff Silke meine Hand. Eine unglaubliche Energie durchströmte uns; Silke stöhnte und ich hätte ebenfalls fast losgelassen, denn die Energie war sehr gewaltig. Nach diesem enormen Energieschub löste ich mich von Silke, nahm jeden einzelnen Zirkelteilnehmer ins Visier und begrüßte ihn zunickend wie in einer Begrüßungsrunde. Plötzlich stoppte ich vor Bea. Ich spürte, dass sie nicht in diese Runde gehörte und Walter gönnte ihr einen abwertenden Blick. DAS war definitiv „Walter“, sagten die Damen, die ihn kannten! Mehr Beweise brauchte ich nicht. Diese Geste, diese Frechheit hätte sich kein anderes Geistwesen erlaubt und so widmete er sich der vertrauten Damenrunde, die er sichtlich genoss, und ignorierte Bea. Ich kam nach diesem überaus interessanten Kontakt langsam aus der Trance und nahm vollkommen überraschte Gesichter wahr.

Die Frauen, die Walter kannten, konnten einhellig bestätigen, dass Walter im Raum gewesen war. Sie hatten ihn riechen können (es roch nach einem sehr speziellen Tabak), seine Gesichtszüge unterhalb der Augen waren zweifelsfrei erkannt worden und das Schütteln der Hand war eine Bewegung, die er in seinen Heilsitzungen oft ausgeübt hatte. Der Mehlsack war also Walter in Bestform gewesen. Walters Energie nahm ich anfangs noch häufig in den Zirkeln wahr, bis irgendwann nur noch Silke seine Präsenz spüren konnte. Ohne von dieser Séance anderen zu berichten, nahmen einige meiner Teilnehmerinnen auch die Präsenz dieses Herrn hinter Silke wahr. DAS war nun für uns der endgültige Beweis, dass Walter sich Silke angenommen hatte und von nun an auf wundersame und wunderbare Weise durch sie wirkte. Alle anfänglichen Probleme, Energien wahrzunehmen wurden in dieser Sitzung bei Silke ausgelöscht und sie wuchs zu einem echten Energie-Power-Paket heran.

Maikes übersinnliche Wahrnehmungen

Maike suchte mich wegen eines Hautproblems auf. Sie hoffte, Linderung zu erfahren, da sie sehr unter diesem Problem litt. Wir saßen anfänglich im Garten bei einer Tasse Tee, sprachen über ihr Anliegen und verfielen schnell in spirituelle Themen. Sie erzählte mir von ihrem „Problem". Seit frühester Kindheit konnte sie Verstorbene sehen und mied seither Orte wie Keller und Dachböden, da sie das Gefühl hatte, dass sich ihre Begabung hier verstärkte. Ich hörte ihr interessiert zu. Dass ich sie gleich in mein Souterrain, in dem ich arbeitete, bitten würde, hatte ich nicht bedacht. Sie folgte mir kommentarlos und ich bat sie, auf der Behandlungsliege Platz zu nehmen und sich zu entspannen, damit ich mit meiner Arbeit beginnen konnte. Wenige Minuten, nachdem ich mich auf sie eingestellt hatte und mich der Energie öffnete, stand ich das erste Mal seit sehr langer Zeit wieder in Flammen. Ich öffnete die Augen, zog sanft meine Hände von ihrem Körper und fragte sie mit betont ruhiger Stimme, ob es ihr gut ginge. Eine klares „NEIN" war die Antwort, und sie berichtete mir, dass sie das Gefühl hätte, innerlich zu verbrennen. Ich bat sie nun, auf einem Stuhl Platz zu nehmen und änderte meine Vorgehensweise. Ich brachte sie in Kontakt mit ihrem Geistführer, der sie von nun an begleiten und auch schützen sollte. Ich verband mich mit meinem Geistführer und bat ihn, den Geistführer für Maike nun ganz nah heran zu bitten und sich für sie spürbar zu machen. Sie war überwältigt von diesem Gefühl und konnte direkt in eine Kommunikation mit ihrem Geistführer eintauchen. Ich hingegen fungierte in diesem Fall lediglich als Kanal, weil die Kommunikation direkt stattfand und keinen „Übersetzer" benötigte.

Zwei Tage späte meldete Maike sich bei mir und berichtete, dass sie, sobald sie Geistwesen bemerkte, ihren Geistführer um Schutz bitte und nun frei von jeglicher Angst sei bzw. die inneren Bilder unmittelbar verschwänden. Maikes mediale Probleme waren zwar noch lange nicht vollkommen gelöst und sie spürt nach wie vor schnell, wann sie die Energie des Zirkels benötigt, um eine klare „Anbindung" zu erfahren, aber sie war immer wieder erstaunt, wie wertvoll und wichtig dieser Kontakt für sie war. Erst später erzählte sie mir, dass ihre Ängste vor den „Wesen", die sie sah, so einschneidend waren, dass sie ernsthaft überlegte, eine psychiatrische Klinik aufzusuchen, weil sie sich zeitweise vollkommen verzweifelt und verängstigt fühlte. Heute kann Maike wunderbar mit Tieren kommunizieren und von wunderbaren Erfahrungen berichten. Sie sieht die Geistführer der Zirkelteilnehmerinnen an den Seiten ihrer Schützlinge stehen und ist mit dieser Begabung eine wunderbare Bereicherung in unseren Zirkeln.

Der Durchbruch

Ich möchte noch einmal auf Jan zurückkommen, den Mann, dessen Emotionen ich sehr intensiv wahrnehmen konnte. Nach all diesen Erfahrungen und Begegnungen mit Jan war es mir ein inneres Bedürfnis, mich VOR meiner Klausur zu diesem Buchprojekt mit Tom in Trance zu begeben, um alles aufzulösen, was sich zwischen Jan und mir aufgebaut hatte. Ich wusste, dass dieses Treffen notwendig war und etwas Wichtiges geschehen würde. Es bedeutete mir viel, diese Emotionen, die Tom von Jan aufgefangen hatte, nun endgültig zu lösen, denn es war zweifellos eine besondere Verbindung zu spüren. Ich fuhr zu Tom an die Nordsee, wo er wohnte. In seinem Meditationszimmer wollten wir erst einmal gemeinsam in Trance sitzen, um uns auf die Energie einzustimmen. Tom und ich setzten uns nebeneinander, schlossen die Augen und glitten in eine tiefe Trance. Ich spürte eine extreme Überschattung in meinem Gesicht und sofort die Präsenz meines Vaters aus dem Vorleben, der ganz dicht in meiner Aura wahrzunehmen war. Es war ein tiefes Wissen, dass sich eine Vaterfigur zeigte, ohne sie wirklich sehen zu können. Weiterhin nahm ich die Präsenz des Geschwisterpaares wahr, für das wir hier in Trance sitzen wollten. Ich konnte sie sofort als solche erkennen. Der Vater, den ich spürte, bedankte sich, dass er und ich gleich zusammenträfen und ich nahm ihn so wahr, als hätte er einen

Schlaganfall gehabt. Mein Gesicht verzog sich während dieser Sitzung extrem. Ich war in dieser Trance wütend darüber und bat innerlich, dass das endlich aufhören möge: „Macht Töne aus der Zimmerecke oder irgendetwas. Aber hört mit dem Gezerre an meinem Gesicht auf!“, sagte meine innere Stimme. Ich konnte in diesem Moment nicht wissen, dass dieser „Begleiter“ sich in Zukunft immer so ankündigen würde und es mir eine große Hilfe sein würde, ihn dadurch zu erkennen. Je mehr ich versuchte mein Gesicht zu entspannen, desto stärker trat das Phänomen hervor. „Bitte zeigt mir auf andere Weise, dass ihr hier seid!“, dachte ich. In dem Moment klingelte der Wecker auf dem Schrank. Tom wurde dadurch leider unsanft aus der Trance gerissen, was sehr unangenehm für ihn war. Ich musste innerlich darauf vorbereitet gewesen sein, denn ich reagierte nur verwundert und war bereits „bei mir“ angekommen. Tom versicherte mir, dass der Wecker nie klingelte und immer ausgeschaltet sei. Es sollte noch viel aufregender werden: Ohne dass ich Tom von meinen Wahrnehmungen erzählt hatte, berichtete er mir, dass er eine Mutterfigur gespürt hatte, die sich über unsere Zusammenkunft sehr freute. Es waren die gleichen Worte, nur kamen sie bei ihm von einer Mutterfigur, während ich sie von einer Vaterfigur empfing. Es war wirklich kurios und höchst spannend, was wir hier austauschten, und wie sich alles zu einem kompletten Bild zusammenzufügen schien.

Nun sollte Tom in Trance gehen, in der ich ihn durch meine Gegenwart unterstützte und beobachtete. Diese Art des füreinander Sitzens baut eine besondere mediale Kraft auf, die wir hier nutzen wollten. Tom hatte augenblicklich die Energie des Vaters bei sich. Sein Gesicht, seine Kopfhaltung, der ausgeprägte Nervenstrang am Hals, diese Anzeichen eines Schlaganfalls ... alles war genauso, wie ich es gerade zuvor in der Trance mit dem Vater erlebt hatte, was Tom jedoch nicht wissen konnte. Und nun sprach Tom in Trance zu mir:

„Ich danke dir, Kanya, wir sind alle zusammen.
Wir sind alle zusammen. Danke!
Und du bist heil und deine Seele!
Aber die andere Seite vom Telefon.
Bitte, die andere Seite vom Telefon ist noch lange nicht heil.
Du musst heilen!
Bitte Kanya, die andere Seite vom Telefon.
Das Telefon, die andere Seite ...“

Ich hatte diese Worte zwar sehr gut verstanden, aber wusste im Moment gar nicht, was ich tun sollte. Tom wusste nicht, dass Jan und ich ausschließlich über Sprachnachrichten unseres Mobiltelefons kommunizierten. Dieser Austausch unseres täglichen Lebens, über Spiritualität und Empfindungen war nach wie vor heilsam für uns und mir wurde mit diesem Satz klar, dass es hier um die Verbindung zu Jan gehen musste. Tom kam aus der Trance und wir waren überwältigt von dem, was gerade passiert war. Ich spürte, wie sich in mir alles auflöste und eine Last von mir abfiel. Unmittelbar wurde es in mir leicht und frei. Jetzt würde ich in Trance gehen und Tom sollte mich dabei unterstützen und begleiten. Ich hatte vollkommenes Vertrauen in Tom. Frei von Bewertungen wollten wir diese Geschichte endgültig auflösen und uns damit auch gegenseitig in unserer medialen Entwicklung fördern. Ich spürte eine wunderbare tiefe Trance, aber erneut ein extremes Arbeiten an meinem Gesicht – der Vater. Dieses Mal ließ ich alles geschehen. Die Erfahrungen, die ich kurz zuvor gemacht hatte, wollte ich durch nichts blockieren. Mein Mund wurde sehr weit geöffnet und ich spürte nun eine weibliche Präsenz in meiner Nähe. Dann wieder etwas Männliches. Und wieder weiblich. Es erschien mir wie ein Experiment – und ich spürte, es wollte raus ... die Worte wollten raus. Als würde ich mich in einem Schwall übergeben, platzte es aus mir heraus.

Eine alte Frau redete in rasender Geschwindigkeit aus mir heraus und auf Tom ein! Ich sprach das erste Mal in meiner Trance! Dieses Wesen sprach zu Tom, sagte etwas über seine Prozesse und seine Probleme und ich atmete kaum mehr, denn ich redete wie ein Wasserfall, besser gesagt, diese alte Frau redete durch mich. Eine mir völlig fremde Stimme bediente sich meiner, wie ich es seinerzeit in meinem ersten Zirkel bei Simone erlebt hatte. Dieses Wesen konnte wirklich schnell sprechen. Tom bat darum, dass sie langsamer sprechen sollte. Er konnte ihr nicht mehr folgen. Sie sprach, als würde sie schon lange auf die Gelegenheit warten, sich endlich mitteilen zu können. Sie fragte immer wieder:

„Hast du das verstanden, Tom? Hast du das verstanden?“
So schnell wie das Sprechen durch mich begonnen hatte, zog sich die Energie auch wieder zurück und zog mich aus der Trance: *„Ich muss jetzt gehen!“*

Tom und ich fielen uns vor Rührung weinend in die Arme. Es war eine so wunderbare Durchsage, in der die alte Frau uns zu verstehen gab, dass diese vier Menschen, die sich in der Trance immer wieder durch uns zeigten, nun zusammengefunden hatten. Darüber hinaus hatte sie Tom wichtige Hinweise zu seiner Problematik und zu möglichen Lösungswegen gegeben. Tom war sehr dankbar, diese Worte erhalten zu haben, Beweise für sein Empfinden und Ratschläge für seinen zukünftigen Weg. Ich hatte von all diesen Problemen und Zweifeln, die ihn plagten, nichts gewusst.

Für mich war es etwas Besonderes, diese Erfahrung gemacht zu haben. Ich hatte mir seit Anbeginn meiner medialen Entwicklung gewünscht, ein Kanal zu werden, durch den die geistige Welt sprechen würde. Viele, viele Wochen habe ich in dem College in England vergebens auf diesen Durchbruch gewartet und nach dieser Erfahrung mit diesen Wesen und einem langen Weg der Heilung brach es nun endlich aus mir heraus. Ich sah es als ein Geschenk für all die Mühen, die wir auf uns genommen hatten, dass ich es gerade zu diesem Zeitpunkt erleben durfte. Es war wenige Tage vor meiner Reise in die Schweiz, wo ich alles aufschreiben wollte, was ich auf dem Weg zum Medium erfahren hatte – und das Ende des Buches wurde vor mir ausgebreitet ...

Ich widme mich einer lange geplanten Aufgabe

Nachdem ich mit Tom dieses wunderbare Trance-Erlebnis hatte, machte ich mich auf den Weg von Friedrichskoog nach Hause. Wir waren ziemlich traurig, dass wir diese lange Trance-Durchsage nicht mit einem Diktiergerät aufgenommen hatten und ich wollte mir sofort solch ein Hilfsmittel zulegen. Einfach für den Fall, dass ich irgendwann wieder in Trance sprechen würde. In meinem Kopf herrschte ein heilloses Durcheinander und mir wurde während der Fahrt bewusst, dass ich ein wunderbares Geschenk bekommen hatte. Es war Dienstag. Ich war in den letzten Tagen gedanklich sehr aktiv gewesen, da ich einen langersehnten Plan in greifbare Nähe rücken sah. An diesem Wochenende würde ich mich auf den Weg in die Schweiz machen. Ich hatte seit langer Zeit geplant, alles niederzuschreiben, was ich in den letzten Jahren erlebt hatte. Es sollte erst einmal eine Art Tagebuch werden. Für dieses Schreib-Projekt hatte man mir eine wunderschöne Wohnung zur Verfügung gestellt, in die ich mich für fast unbegrenzte Zeit zurückziehen konnte. Ich veranschlagte erst einmal fünf Wochen und hoffte, wenigstens einen kleinen Teil meiner Erfahrungen niederschreiben zu können. Seit einigen Tagen hatte ich das Gefühl, dass sich alles in meinem Kopf sortierte, dass diese unüberwindbare Hürde, alles Erlebte, verständlich zu erklären, überwunden werden könnte. Ich hatte das Gefühl, dass alles wie auf einem Tonbandgerät diktiert wurde und ich hoffentlich alles nur noch niederschreiben müsste. Ich wusste nicht, wo ich beginnen und vor allen Dingen, wo die Reise mit dem Buch enden sollte. Ständig quälten mich diese Fragen. Doch in diesem Moment, als ich von der Sitzung mit Tom wieder nach Hause fuhr, breitete sich das Ende wie ein Teppich vor mir aus. Ein lang ersehnter Wunsch, das „Sprechen in Trance", hatte sich heute erfüllt. Es war das Ende einer schwierigen medialen Reise für mich und es durfte das Ende meines Berichtes werden. Ich spürte eine grenzenlose Dankbarkeit in mir aufkommen.

Als ich in der Schweiz ankam, packte ich meinen Computer, meinen Koffer und alle mitgebrachten Lebensmittel aus. Ich hatte mich gut vorbereitet und war hoch motiviert. Von meiner Herberge war ich überwältigt. Ich öffnete die Tür des Apartments und durfte aus dem Wohn- und Esszimmerbereich einen überwältigenden Blick über den Vierwaldstätter See genießen. Hier durfte ich also niederschreiben, was ich in den letzten Jahren in meiner Medialität erlebt hatte. Ich begann noch am selbigen Tag mit einleitenden Sätzen und wollte damit die Hemmschwelle überwinden, bevor ich mich irgendwelchen Banalitäten widmete und mich u.U. mein Mut verlassen hätte. In sage und schreibe elf Tagen hatte ich meinen autobiographischen Teil geschrieben und war voller Freude. Ich hatte so viel in so kurzer Zeit geschafft und wollte die restlichen Tage für Unternehmungen nutzen. Ich hatte mich in den letzten Tagen ausschließlich meiner Aufgabe gewidmet, in denen es im wahrsten Sinne des Wortes aus mir herausfloss. Dass ich lediglich „elf" Tage brauchte, wunderte mich also gar nicht.

In diesen Tagen sortierte ich neben dem Schreiben etliche Durchsagen, die ich in den vergangenen zwei Jahren in den frühen Morgenstunden zu Papier gebracht und die ich teilweise nie wieder gelesen hatte. Dabei stolperte ich über eine Durchsage, die in etwa folgenden Wortlaut hatte: „Du wirst ein Buch schreiben. Es wird ganz schnell fertig sein – und dann geht die Arbeit erst richtig los." Ich hatte nicht den leisesten Schimmer, wovon die Rede war. An diese Durchsage sollte ich jedoch noch sehr häufig denken.

Ich hatte alles niedergeschrieben, was ich mir vorgenommen hatte, und fühlte mich vollkommen frei und erleichtert. Auf zu neuen Ufern, dachte ich mir und wollte dem nett gemeinten Rat meines Mannes folgen, mich an meiner freien Zeit auch zu erfreuen. Er ermutigte mich, diese Auszeit einfach nur zu genießen, ohne den Anspruch zu haben, irgendetwas unbedingt vollenden zu müssen. Ich hatte nun beides. Ich hatte alles niedergeschrieben und ich hatte jetzt auch noch Zeit für Ausflüge in diese wunderschöne Umgebung. Ich dankte dem Universum.

Ich kontaktierte nach getaner Arbeit Nico, meinen Bekannten aus England, um ihm diese freudige Nachricht zu überbringen, dass ich so viel geschafft hatte. Er fragte mich, wie häufig ich in der Meditation saß und ob wir uns dafür verabreden und uns verbinden wollten. Ich hatte nicht einen Moment daran gedacht zu meditieren, denn ich folgte lediglich meiner Aufgabe und war überaus produktiv. Ich stieß auf vollkommenes Unverständnis seinerseits und wir verabredeten, uns jeden Morgen um neun Uhr gemeinsam auf einer geistigen Ebene zu begegnen und gemeinsam zu meditieren. Wieder einmal konnte ich nicht glauben, dass es einen Unterschied machen würde, ob ich mit oder ohne Nico hier sitzen würde, aber das tat es. Ich konnte immer spüren, wann er in die Meditation einstieg, ob er sie vor mir beendete oder ob er verhindert war. Es war wieder einmal ein faszinierendes Erlebnis.

Am nächsten Morgen, während meiner ersten Meditation, spürte ich sofort eine ungeheure Kraft an meiner Seite. Fast wie eine Druckwelle baute sich etwas in mir auf und ich hatte das Gefühl, wieder dieses Wesen an meiner Seite zu spüren, das ich bereits zusammen mit Tom in der Trance wahrgenommen hatte. Mein Gesicht verzog sich wieder. Immer wieder formten sich dieselben Sätze in meinem Kopf. Wie eine springende Schallplatte wiederholten sich die gleichen Worte, bis ich sie endlich aussprach. Ich traute mich sie laut zu sagen, denn ich war vollkommen alleine.

Und dann sprach ich erneut in Trance. Ganz alleine saß ich in dem Apartment und eine Dame sprach aus mir. Sie sagte, dass ich bitte ab sofort mein Diktiergerät einschalten sollte, da die geistige Welt nun das Buch weiterschreiben würde.

Sie frage mich: *„Wer würde sich nach dem Lesen deines Buches auf einen medialen Weg begehen, wo du doch so schmerzhafte Prozesse beschrieben hast?"*

Es wäre an der Zeit, der geistigen Welt meine Stimme zu leihen, um den Menschen etwas zu sagen. Und ich saß von nun an jeden Tag viele, viele Stunden in Trance und es sprudelte nur so aus mir heraus. Ich sprach in Trance, schrieb das Gesprochene in meinen Laptop, ruhte mich aus und startete erneut. Ich kann gar nicht mehr sagen, wie häufig ich diese Meditationsrunden absolvierte. Aber ich tat nun mehr als drei Wochen nichts anderes mehr. Das Essen hatte ich fast völlig vergessen und nur wenige Male verließ ich dieses wunderbare Apartment zum Einkaufen oder für einen kleinen Spaziergang im Schlosspark bei Meggen. Während die geistige Welt sprach, überkam mich eine Hitzewelle nach der anderen – und dann war ich stets überrascht, was ich nach der Trance aufschreiben konnte.

Mir wurden Übungen erklärt und ich wurde gebeten, neue Zirkel aufzubauen. Ich hatte sehr genaue Anleitungen bekommen, wie ich diese Zirkel zusammensetzen sollte, wie ich unter den Menschen Verbindungen schaffen konnte, damit wir einander ergänzen und unterstützen konnten. Man bat mich, besondere Heiltechniken zu praktizieren und noch vieles mehr. Am Ende meiner Zeit hatte ich nicht nur meine Autobiographie zu Papier gebracht, sondern noch etwa 80 weitere Texte, die ich erst einmal selbst lesen und verstehen musste.

Ich glaube in dieser Zeit perfektionierte ich das Trancesprechen in einer für mich unglaublichen Weise. Hier, in dieser Abgeschiedenheit, hatte ich niemals damit gerechnet, alleine in Trance zu sprechen. Ich war auf Wolke 7. Ich war fertig. Meine mediale Reise war abgeschlossen und ich war geheilt. So dachte ich zumindest ...

„Nein, liebe Kanya. Du bist jetzt erst an der Startlinie. Jetzt geht es erst richtig los“, sprach es aus mir.

Resumé

Ich bin mittlerweile sehr glücklich, auf diesem spirituellen Weg sein zu dürfen und all diese Erfahrungen gemacht zu haben. Trotz allem spürte ich tagtäglich einen unbeschreiblichen Druck auf mir lasten und hatte seit einigen Monaten kontinuierlich Gewicht abgenommen. Ich wusste, dass dies die Auswirkungen immens starker seelischer Veränderungen waren und ich wollte das auf keinen Fall stoppen, denn trotz dieser körperlichen Veränderung spürte ich, dass ich geistig immer stärker wurde und mehr und mehr zu mir stehen konnte. Ich veränderte mich innerlich und äußerlich, wie es mir in unzähligen Durchsagen prophezeit worden war. Ich nahm nun alle Herausforderungen an, ich sprach immer wieder mit meinen geistigen Begleitern beziehungsweise verstand jetzt die Nachrichten, die immer wieder auf mich einprasselten. Ich glaube nicht, dass ich das immer so bewusst tat, wie ich es hätte tun können. Ich vertraute immer mehr darauf, dass alles, was ich bisher erlebt hatte, RICHTIG war und einen SINN hatte. Täglich erlebte ich neue kleine oder auch größere Beweise. Ich möchte keine einzige dieser Erfahrungen aus meinem Leben streichen, denn sie haben dafür gesorgt, mich zu heilen, mich zu stärken und mich auch weiblicher zu machen. Dieser Weg hat mich zu einer neuen, starken aber auch sanften Frau gemacht und ich wusste irgendwann intuitiv, dass ich mich auf den richtigen Weg gemacht hatte.

In vielen Durchsagen meinte die geistige Welt, dass ich lehren solle. Ich wurde häufig gebeten, meine Medialität weiterzugeben, anderen die Hand zu reichen und ihnen die Möglichkeit zu geben, ihre Fähigkeiten zu entwickeln. Dafür war es wichtig, dass ich selbst verschiedene Erlebnisse durchlebte und verstand. Vor allem musste ich aber lernen, kraftvolle Energien einzuladen und auch wieder gehen zu lassen.

Für mich ist es wichtig, gespürt und erlebt zu haben, was die Menschen spüren und was sie ängstigt, wenn sie mit ihren Erfahrungen zu mir kommen. Ich wurde stets nur mit Menschen konfrontiert, denen ich helfen konnte. Mit neuen Erfahrungen kamen auch neue Menschen in mein Leben. Meine spirituelle Entwicklung hatte im höchsten Maß etwas mit meiner Persönlichkeitsentwicklung zu tun. Jeder entwickelt sich auf seine Weise und jeder wird sich aufgrund seiner Verletzungen und Erfahrungen, die er in seinem Leben gemacht hat, auf ganz eigene Weise entwickeln. Der spirituelle Weg, sofern man ihn bewusst und wertschätzend beschreitet, ist eine besondere Herausforderung. Ich durfte körperlich und auch seelisch heilen. All meine Erfahrungen, die ich hier beschrieben habe, sind meine persönlichen Betrachtungen, die jeder Mensch wahrscheinlich vollkommen anders beschreiben würde. Ich habe lediglich meine Gefühle und

Erfahrungen mit dir teilen wollen. Im Nachhinein und mit gewissem Abstand sehe ich viele Dinge heute ganz anders. Aber genau darum geht es meines Erachtens: um eine massive Veränderung und Entwicklung, die noch heute stattfindet. Wenn Zweifel an meinen Absichten oder Erlebnissen geäußert werden, wenn ich Anfeindungen ausgesetzt bin, dann verletzt mich das noch heute sehr, aber ich lasse mich dadurch nicht abbringen, meinen Weg weiter zu gehen und Menschen diesen Weg zu zeigen, ihnen in ihrer Spiritualität zu helfen. Zu häufig stehen mir Menschen gegenüber, die unter Tränen des Glücks unser Gespräch verlassen, sich erstmalig verstanden fühlen und um weitere Hilfe bitten. Nicht überall sieht man es gerne, wenn mit der geistigen Welt gearbeitet wird. Viele Menschen haben solche Angst vor dem Thema, dass sie es massiv meiden.

Ich kann das vollkommen akzeptieren und würde niemals jemanden überreden oder überzeugen wollen. Wenn jemand diese Tür des Bewusstseins willentlich geschlossen hält, ist es sein gutes Recht, sie geschlossen zu halten. Ich helfe jedem, der hineinschauen möchte. Aber ich warne immer wieder davor, die Menschen bekehren zu wollen. Wenn sich jemand für dieses Thema interessiert und von dir und deinem Wissen weiß, so lasse ihn zu dir kommen. Biete ihm nichts, was er nicht bereit ist, zu erbitten.

Hätte ich Menschen an meiner Seite gehabt, die mir mit Rat und Tat zur Seite gestanden hätten, wäre ich sicherlich einen leichteren Weg gegangen und hätte viele Fehlinterpretationen vermieden. Trotzdem bin ich bei mir angekommen und ich gehe immer noch weiter. Ich wünsche mir, dass wir die Welten in friedlicher, offener Energie verbinden und es eine nährende, heilende und liebevolle Verbindung ist, von der wir uns beschenkt und bereichert fühlen. Keines der Geistwesen wollte mich auf meinem Weg gefährden. Die geistige Welt ist meinem Wunsch nach spiritueller Entwicklung gefolgt und hat mich mit besten Mitteln auf diesen wunderbaren Weg gebracht.

Zum Schluss möchte ich diesem Buch nun noch einige Durchsagen beifügen, die ich erhalten habe. Diese Texte entstanden in der Schweiz, während ich in Trance saß und die „geistige Welt“ durch mich sprach. Ich habe alle Worte mit dem Diktiergerät aufgezeichnet und hier nun einige für dich zusammengetragen. Diese folgenden Texte entstanden aus einem „geistigen Fluss“ heraus und stammen aus einer Welt jenseits der unsrigen. Daher entsprechen sie grammatisch nicht unbedingt unseren Gewohnheiten. Worauf es ankommt, ist jedoch ihr Inhalt und nicht ihre Form. Ich bitte dich somit darum, sie mit offenem Geist und ebenso offenem Herzen zu lesen und sie einfach auf dich wirken zu lassen.

Die Basis

Die Basis deiner medialen Arbeit, deiner Verbindung zu uns, entspringt immer deiner grundeigenen Energie. Deine Energie, die du mit auf die Erde gebracht hast, ist die Basis. Der Ausgangspunkt. Das Leben zeichnet Wunden in diese Energiequelle und es ist deine Aufgabe, diese Wunden zu heilen, um eine gute Anbindung zu erhalten. Es ist nun auch unser Bestreben, euch bei dieser Heilung bestmöglich zu unterstützen. Denn wir wiederum sind an nichts mehr interessiert als an unserer Verbindung zu euch. Wir lieben euch bedingungslos und können uns nur bestmöglich zeigen und euch unsere Liebe spüren lassen, wenn eure Verletzungen Heilung erfahren. Und dann könnt ihr Kraft aufbauen. Jeden Tag, jede Minute in eurem Leben werdet ihr damit beschäftigt sein, Kraft aufzubauen. Mal mehr, mal weniger werdet ihr dies spüren. Aber das ist das höchste Ziel. Und wir werden hier sein, um euch dabei zu unterstützen. Ihr sollt in eurer Arbeit mit uns zuallererst spüren, wie sich eure eigene Körperenergie anfühlt. Wie ist es, sich auszudehnen? Wie fühlt es sich an, Energie in den Raum zu senden? Wie fühlt es sich an, dass jeder diese Energie spüren darf? Je intensiver eure Energie ist, desto näher können wir euch kommen, desto besser können wir euch erreichen, euch führen, euch helfen und euch die Liebe senden, die euer Vertrauen zu uns stärkt. Erst dann dürft ihr auch unsere Energie spüren. Den sicheren Kanal.

Die feste Anbindung an uns und die universelle euren Zirkeln unterstützt ihr euch gegenseitig i eurer Energie. Es geht darum, zusammen zu sein. Wir dürfen an euch arbeiten, euch fördern, euch Heilung und Liebe senden. Mit jedem Zirkel, in dem ihr sitzt, löst ihr unbeschreibliche Kraft aus. Wir können es von oben sehen. Wie eine hell erleuchtete Lichtkugel erstrahlt das Haus. Dann geschieht Wunderbares. Wir erreichen euch mit tausend Verbindungen in jeder Zelle eures Körpers. Wir binden euch an und richten euch auf. Ihr könnt diese Hitze gelegentlich spüren. Ihr seid die Kraft, die über Meilen hinweg Liebe sendet – und sie kommt an. Schickt diese Gedanken in die Welt. Ihr habt viel mehr Kraft, als ihr wahrnehmt. Also nutzt sie. Lasst sie nicht im Raum zusammenbrechen, sondern schickt sie hinaus. Sie ist sonst verloren. Wir können eure Energien nicht so senden wie ihr. Es sind eure irdischen Gedanken, die uns aufhalten, und wenn ihr das Bewusstsein, die Grenzen sprengt, seid ihr es, die die Horizonte überwinden.

Das müsst ihr verstehen. Ihr könnt unglaubliche Kräfte freisetzen. Und ihr spürt nur einen Funken davon. Das Spüren der gesamten Kraft würde euch verglühen lassen. Nutzt diese Kraft. Bringt den Funken in die Welt! Wir haben lange an dieser Kraft gearbeitet. Nutzt die Zirkelenergie. Ihr werden liebevoll von uns begleitet. In eure ganz persönliche Richtung. Es ist eure Richtung, die ihr nun einschlagt. Unser gewählter Kanal ist für die

Zündung da und dass ihr das Feuer aushalten könnt. Daher ist es nicht wichtig, wo ihr steht. Egal wo ihr steht, ihr werdet immer Fortschritt in diesen Zusammenkünften erfahren. Die Zirkel sind grenzenlos. Jede einzelne Zusammenkunft ist ein Meilenstein. Ihr wachst und wachst – und wenn euch etwas hindert, dann begrenzt ihr euch. Sucht eure Zirkel auf, meditiert und seid bereit, diesen Weg zu gehen. Es bereichert das Leben. Es entspannt euch. Es macht euch frei, wenn diese Anbindung richtig geführt ist. Es ist nicht nötig, sich zu verlaufen. Folgt einfach immer dem Licht. Schaut achtsam, ob ihr auf dem richtigen Weg seid. Fühlt es sich gut an? Und dann fragt euch: Bin ich auf dem richtigen Weg?

Ihr könnt nur Antwort erhalten, wenn ihr richtig versteht. Dafür braucht es Zuwendung, Zeit, Licht und Liebe. Und dann seid ihr frei. Frei für das Leben. Nutzt eure Begabungen und die Möglichkeiten, andere Menschen auf diesem Weg zu begleiten. Das ist eine wunderbare Aufgabe: Menschen zum Strahlen zu bringen. Euer Licht bringt die Menschen überall zum Strahlen. Ob an der Supermarktkasse oder Tankstelle. Ihr tut den Menschen gut und ihr könnt Negatives von euch und ihnen abwenden. Ist das nicht das Ziel, das wir alle verfolgen? Dafür arbeiten wir mit euch. Jeden Tag, wenn ihr es zulasst und eure Antennen auf uns ausrichtet.

Marionetten sind straff angebunden

Gerade verfolgten wir ein Gespräch über das Abschiednehmen von geliebten Menschen, über Kriege. Die Qualen, die die Menschen erleben. Wie kann euer Gott zuschauen und nicht eingreifen?

Wir möchten es so erklären: Ihr spirituellen Medien seid wunderbar angebunden. Ihr seid keineswegs unsere Marionetten, die wir bedienen, wie es uns gefällt. Aber wir sind in der Lage, euch zu unterstützen und zu führen, um uns euch mitzuteilen und Wege zu verfolgen, die wichtig sind. Und warum können wir das?

Weil ihr angebunden seid. Weil ihr Entscheidungen getroffen habt. Wir ‚dürfen' uns euch mitteilen, denn ‚ihr' habt uns in euer Leben gebeten. Ihr habt entschieden, dass wir uns euch mitteilen dürfen. Natürlich agieren wir nur in Liebe. Ihr seid unsere Botschafter der Liebe. Nichts anderes wollen wir euch mitteilen. Aber was brauchen wir dafür? Natürlich brauchen wir eure Bereitschaft! Eure Zeit – und wenn ihr uns dieses Opfer schenkt, sind unsere Bänder straff gespannt. Nehmen wir erneut das Symbol der Marionetten. Die Fäden sind straff. Wir möchten euch zeigen, wo es euch gut geht, wo ihr Liebe und Trost empfangen und spenden könnt, und wir wollen euch zeigen, wo das Glück und eure Heilung liegen.

Es ist ein Leichtes, euch zu führen, euch zu lenken und uns mitzuteilen, denn die kleinste Aktion von uns überträgt sich unmittelbar auf euch, wenn die Bänder straff sind. Aber Menschen, die sich nicht anbinden, die kein Interesse an unserer Hilfe haben, die sich ihres Weges sicher sind und uns nicht hören wollen, deren Schnüre hängen schlaff an ihren Körpern und Seelen. Wir können noch so zappeln, uns noch so sehr anstrengen. Es findet keine Übertragung statt. Wir agieren ins Leere.

Daher bemühen wir uns, Botschafter wie euch zu finden, die bereit sind, Zeit und Energie aufzuwenden. Wir müssen hinsehen und uns derer bedienen, die ihre Zügel straffen, sich jeden Tag bereithalten und mit uns kommunizieren möchten. Daher lassen wir ungern Zügel los. Wir bemühen uns unsäglich, euch bei uns zu halten, dass ihr nicht loslasst und wir einen weiteren Mittelsmann für Liebe und Segen in der Welt haben.

Denn wir möchten jedes Kind erreichen, das uns sieht, das uns vertraut und das seinen Weg mit uns gehen möchte. Ich hoffe, ihr habt verstanden, dass wir niemanden vergessen. Aber ihr habt euch für Wege entschieden – und viele Aufgaben sind vor eurer Reise auf die Erde bereits vorgegeben. Einige Seelen entscheiden sich für einen kurzen Besuch, andere haben sich für eine lange Reise entschieden. Daran können wir nichts ändern. Wir können euch auf eurer Reise begleiten, wenn ihr es wünscht und uns einladet in euren Raum. Darüber sind wir dankbar wie

Kinder, die große Feste feiern. Wir sind voller Dankbarkeit, wenn ihr uns einladet zu eurem ‚Fest des Lebens' und wir möchten es jeden Tag mit euch feiern.

Der Weg durch die Seele

Mit jedem medialen Kontakt reinigt ihr eure Seele. Es ist ein Raum, der dicht verschlossen ist. Und jedes Mal, wenn ihr uns entgegentretet, werdet ihr eure Seele berühren und ein wenig freikehren. Aus diesem Grunde beginnt die mediale Arbeit auch häufig mit etwas Schmerz und Überwindung. Denn die Seele ist kein reiner Raum. Hier wird alles gespeichert. Alles an Unrat ist hier gelagert. Wie ein überfüllter Keller, der nach und nach entrümpelt werden darf. Ihr könnt nicht alles auf einmal herausholen aus diesem Raum. Ihr würdet zerbrechen an den Erfahrungen. Daher ist ein sanfter Weg, ein passender Weg wirklich wichtig. Es ist wichtig, geschützt zu sein. Dafür braucht ihr keine Rituale, sondern Vertrauen! Vertrauen ist euer Panzer. Aber er wird auch mal knacken, der Panzer. Das ist nicht schlimm. Lasst zu, dass der Blick in die Seele auch manchmal Schmerz auslöst. Ihr könnt nicht immer an eurer Seele vorbeigehen und auf Entwicklung hoffen. Ihr sollt wissen: Dieser Raum ist wunderschön - wenn er liebevoll eingerichtet wird. Wenn die Schönheit deiner Seele dich erfüllt, das ist Glückseligkeit. Also seid bereit, diesen Raum zu betreten.

Es gibt viele, viele Menschen in euren Zirkeln. Sie laden uns nicht mehr ein, weil sie glauben, WIR würden den Schmerz auslösen. Nein, es ist der Unrat, den ihr hortet – er löst den Schmerz aus. Und wir ziehen ihn mit euch heraus. Das hinterlässt Spuren. Loslassen ist nicht immer leicht. Also seid nicht verwirrt, wenn sich etwas Schicht für Schicht ändert. Blockierungen lösen sich und ihr dürft unmittelbar tiefer schauen in den Raum. Mit jeder Schicht wird es heller und freundlicher in euch. Aber es kommen auch Dinge zutage, die ihr schon lange in die hinterste Ecke gestellt habt. Habt nun keine Angst davor, sie zu betrachten. Sie können nun entsorgt werden. Sie stehen vor der Tür und dürfen noch ein letztes Mal betrachtet und vielleicht auch gespürt werden.

Durch diese Tür tretet ihr am Tag eures Überganges zu uns. Es ist die Tür, durch die ihr den Weg zu uns antretet. Deswegen bleiben viele Menschen tagelang stehen. Sie wollen nicht gehen. Sie trauen sich nicht durch diese Tür. Sie wurde noch nie geöffnet. Es wurde noch nie aufgeräumt. Aber dieser Raum kann so wunderschön sein, dass wir sofort hinübertreten, wenn unsere Zeit gekommen ist. Wir können ohne Angst von dieser Welt gehen. Ich sage WIR, weil wir euch begleiten. Wir gehen zusammen. Wir können euch nur diese Angst vor dem Raum nicht nehmen. Wir stehen neben euch und gehen gemeinsam und doch seid ihr alleine. Wir stehen nur neben euch und hätten uns gewünscht, dass ihr früher hineinschaut. Ihr habt jetzt so viel zu tun und es wartet viel Schöneres auf euch, als diesen Unrat zur Seite zu schaffen. Vielleicht fragt ihr euch, was ihr in diesem

Moment tun könnt. Die Antwort lautet: Übt, verbindet euch, meditiert und sendet Liebe!

Dem eigenen Weg folgen

Beraubt euch nicht eurer eigenen Entwicklung, wenn ihr anderen hinterherschaut. Auf welchem Weg ihr geht, ist unabhängig von dem Weg, den andere gehen. Folgt eurem ganz persönlichen Pfad.

Egal ob er steinig ist, geradeaus verläuft oder viele Abzweigungen oder Kurven hat. Es ist euer Weg, für den ihr euch entschieden habt. Ihr müsst niemandem folgen, denn Folgen hat immer Folgen. Aber ihr geht voran und sollt nicht folgen. Niemand wünscht sich einen Schatten hinter sich. Er muss für diesen Schatten mitdenken und kann seinen Weg nicht alleine und in seinem Tempo gehen. Und auch derjenige, der folgt, kann sich nicht in seinem Tempo entwickeln, weil er immer jemanden vor seiner Nase hat. Also hütet euch davor, hinter Menschen herzulaufen, ihren Weg gehen zu wollen, denn ihr beraubt euch ganz wichtiger Erfahrungen. Schaut stets genau hin, ob ihr euch auf eurem Weg befindet oder auf dem Weg eines anderen Menschen. Manchmal befindet sich euer Weg nur einen Schritt neben euch – und dort liegt eure Herausforderung, eure Berufung. Ihr müsst den Mut aufbringen, selber den Weg zu gehen. Wenn Steine diesen Weg versperren, räumt sie niemand für euch zur Seite. Ihr müsst den Weg selbst freiräumen, könnt aber auch hin und wieder stolpern. Doch diese Gefahren und dieses Stolpern lassen euch achtsam werden, bieten euch die Chance, wieder aufzustehen und groß zu werden und auf eurem Weg voranzukommen. Jeder Stolperstein ist eine Erfahrung, die wichtig ist auf eurem Weg, um an das Ziel zu gelangen. Und jedes Ziel ist auch ein neuer Start. Das haben wir heute erkannt.

Ihr seid bei weitem nicht am Ziel angelangt. Es ist eine Zwischenstation. Aber ein Ziel ist etwas ganz anderes und es wäre auch sehr traurig, wenn ihr am Ziel angelangt wäret. Ihr seid häufig gestolpert auf diesem Pfad. Andere wollten euch aus der Balance bringen. Aber das hat euch stark gemacht. Weil ihr Vertrauen in euch selbst gefunden habt. Weil ihr Stolpersteine überwunden habt, um dann weiter eurem Pfad zu folgen. Und so war jedes Hindernis eine Aufgabe, die wir gemeinsam bewältigten und an der wir gemeinsam wuchsen.

Also verfallt nicht dem Irrglauben, auf dem falschen Weg zu sein, wenn Hindernisse diesen kreuzen. Ihr wachst daran. Und diese Hindernisse können größer werden, je länger ihr davor stehen bleibt und euch überlegt: „Gehe ich wieder zurück oder nehme ich die Herausforderung an?" So wächst das Hindernis langsam. Es ist Energie, die sich verändert. Sie muss angepackt und beiseite geschafft werden. Vorsichtig muss es abgetragen werden und dann kann es hinter euch gelassen werden. Und ihr geht weiter auf einem friedlichen Weg.

Eure Wege fühlen sich nicht immer gleich an. Es gibt Unebenheiten, Erfahrungen, Gefühle. Und manchmal stürzen sie euch ins Chaos. Aber ihr nehmt immer etwas mit. Immer. Und nun ist es an euch, euch aus dem Chaos zu befreien, es hinter euch zu lassen und nicht vor euch herzuschieben. Wenn ihr das Chaos beiseite räumt, zeigen sich in ihm ganz viele kleine Aspekte, die ihr betrachten solltet. Alles führt euch weiter auf eurem Weg. Dann seid ihr frei. Das Gefühl von Freiheit entsteht, sobald ihr ganz vorsichtig den Weg freikehrt, auf dem ihr euch befindet. Ihr kehrt die Herzen frei, die Emotionen – und das Licht erreicht euch in seiner Vollkommenheit. Ich könnt viele Dinge des Lebens ganz klar erkennen. Ihr dürft das Glück nun erkennen, denn ihr seid aus eurem Schatten herausgetreten. Die Botschaft ist klar: Räumt gewissenhaft den Ballast zur Seite, damit ihr das Schöne im Leben wirklich erkennen genießen, greifen und spüren könnt.

Und nun schreitet voran auf eurem wunderbaren Weg. Es darf nun heller werden, weil ihr uns immer weiter entgegenkommt. Und wir dürfen euch entgegenkommen, wenn ihr uns einladet. Ihr müsst uns einladen. Wir dürfen nicht eingreifen. Wir sagen nicht, welchen Weg ihr gehen sollt. Wir entscheiden nicht für euer Leben. Wir lenken und helfen, euren Lebenswagen zu führen – sofern ihr uns darum bittet und uns einladet.

Religionen

Es gibt viele Religionen, von denen sich die Menschen versprechen, aufgefangen zu werden. Halt wollen sie bekommen in diesen weisen Büchern. Aber finden sie den Trost, den sie erwarten?

Geht das Gelesene ins Herz? Verändert es wirklich etwas?

Ich habe das Gefühl, ich brauche die Antwort nicht auszusprechen. Ihr kennt sie ganz genau. Dass es nicht die Veränderung bringt, die ihr euch erhofft, wenn ihr in heiligen Büchern lest.

Natürlich ist es lehrreich. Es sind Weisheiten enthalten, die euch Richtungen zeigen. Aber wer geht in diese Richtung, die ihr in diesen weisen Büchern findet?

In allen Religionen dieser Welt entstehen Missverständnisse. Menschen geraten durcheinander, sind verwirrt und handeln entsprechend.

Folgt daher eurem Herzen. Nichts anderes sagt jeder Satz dieser Schriften. Und folgt in den Frieden. In die Liebe. Ins Licht. Es geht um Frieden und eure Welt macht Kriege daraus und meint, dahinter den Frieden zu finden.

Warum praktiziert ihr die Liebe nicht mit jedem Tag? Mit den Menschen, die euch gegenüberstehen?

Das ist das, worum wir euch tagtäglich bitten. Das Herz aufzumachen und Liebe zu senden. Zu euch selbst als allererstes. Dann ist jede Schrift vollkommen überflüssig, wenn ihr Liebe praktiziert, Heilung und Licht aussendet.

Liebe muss ausgesendet werden. Sie muss stärker werden als das, was ihr transformieren wollt. Das könnt ihr hin und her drehen wie ihr wollt. Aber die Botschaft ist und bleibt „LIEBE"!

Macht den Hass klein und die Liebe groß. Jeden Tag. Praktiziert es. Für euch und euer Umfeld. Seid respektvoll miteinander. Achtet die Bedürfnisse der Menschen. Nehmt eure Kinder in den Arm.

Packt Unwichtiges beiseite und findet wieder zum Kern eures Wesens. Schaut hinein. Wo ist der Kern?

Und von diesem Kern aus dehnt ihr euch aus. Schaut euch diesen Kern an – schaut wirklich diesen Kern in euch an und lasst ihn wachsen. Diesen Samen. Lasst ihn wachsen und lasst alles andere beiseite. Alle Bücher, alle Praktiken, alle Rituale. Besinnt euch nur auf euch. Verschwendet keine Zeit für Nebensächlichkeiten.

Schenkt euch selbst Raum und Zeit. Investiert Liebe. Seid einfach nur zusammen in diesem Kreis. Und strahlt die Liebe aus und transformiert das, was ihr nicht mehr haben wollt. Es geht nur, indem ihr die Liebe aussendet und alles andere klein macht.

So findet ihr in eure Mitte. Wenn der Hass in der Welt groß ist, muss die Liebe wachsen. Jeder einzelne von euch.

Und schickt es an die Menschen, von denen ihr meint, dass sie am wenigsten diese Liebe verdienen. Das ist eine große Herausforderung. Und wir wollen nicht sagen, dass Menschen, die die Liebe in sich tragen, weniger Liebe von euch erhalten sollen. Es ist viel Liebe da. Beschenkt sie mit Achtung und Respekt, dass sie in Würde ihre Liebe tragen. Und wiederum selbst aussenden können.

Aber die Menschen, die Negatives in sich tragen, die brauchen gerade diese Liebe.

Eure Liebe muss mächtiger sein als die negativen Energien, die auf eurer Welt sehr präsent sind. Ihr braucht nur den Fernseher anzuschalten. Es ist kaum auszuhalten, wie viel Hass in eurer Welt herrscht. Und nur die Liebe kann ihn besiegen. Und je mehr Menschen wir erreichen, deren Liebe in ihren Herzen wächst, desto mehr könnt ihr

Liebe auf die Menschen schütten, die sich der Liebe üblicherweise verschließen.

Aber es ist nicht eure Liebe. Es ist die universelle Liebe, die sich über sie legt, damit der Hass kleiner wird.

Schenkt ihnen diese Liebe. Denn sie haben bislang nur Hass empfunden und empfangen. Verurteilt sie nicht.

Schickt Liebe in Länder, wo Kriege herrschen, Gewalt, Missbrauch. Denn da wird die Liebe am meisten gebraucht und man kann ein kleines Samenkorn pflanzen. Auf dass diese Menschen einmal im Leben ein Gefühl von Liebe entwickeln können. Ihr habt keine Ahnung, wie es in diesen Menschen aussieht. Es ist nur dunkel.

Sie freuen sich nicht daran, was sie tun. Auch sie haben ein Gewissen, das sie plagt. Und wenn dieses Gewissen plagt, hauen sie noch einmal drauf, weil sie dann meinen, dass das plagende Gewissen Ruhe gibt. Könnt ihr euch das vorstellen? Sie hauen noch einmal drauf, weil sie denken, dass es dann Ruhe gibt. Damit die eigene Tat nicht mehr ganz so präsent ist.

Es ist die Hölle auf Erden, die ihr dort vor Augen habt, und nur ihr könnt euren Teil dazu beitragen. Schickt jeden

Tag in diese Länder einen Funken Licht, einen Funken eurer Liebe. Darum bitten wir euch von ganzem Herzen.

Lasst euer Licht strahlen. Wenn es euch auch nur wie ein Tropfen auf den heißen Stein vorkommen mag. Aber wenn ihr wüsstet, wie leer es in den Herzen der Menschen aussieht, würdet ihr Liebe senden wollen.

Weil mit der Liebe auch der Verstand einsetzt. Der Verstand ist ausgeschaltet von diesem Dunkel, das in den Körpern vorherrscht. Es ist alles dunkel. Der Geist ist dunkel. Das Herz ist dunkel. Jede Zelle ist dunkel.

Alles ist ausgeschaltet. Aber wenn ab und zu etwas Licht hineinstrahlt, entwickelt sich ein neues Bewusstsein. Es ist nur ein Funke. Aber dieser Funke lässt Menschen sich entwickeln.

Also schickt bitte euer Licht!

Epilog

Wenn ich über den Wolken dahinschwebe und Stunde für Stunde aus dem Fenster des Flugzeugs schaue, erlebe ich das unbeschreibliche Gefühl von Freiheit, Ruhe und Dankbarkeit. Immer wieder schaue ich hinaus und bin dankbar, der Erde ein paar Stunden entfliehen zu können. Keine Minute dort oben ist für mich verschenkte Zeit, wenn die Welt unter mir sich zeigt und ich sie beobachten darf, ohne ein Teil von ihr sein zu müssen. Jeder hat sicherlich die eine oder andere „Praxis", die ihn im Geiste frei werden lässt. Ich kann nicht immer ins Flugzeug steigen, wenn ich dem Alltag entfliehen möchte. Aber dort oben werde ich mir meines Freiheitsdranges bewusst und lebe ihn auf diese einfache Weise aus.

Zu Hause hilft mir die Meditation, meine innere Ruhe und mein Gleichgewicht zurückzuerlangen, wenn ich glaube, dass es mir verloren geht. Wenn du noch nicht gefunden hast, wonach du suchst ...

Wenn du noch nicht gespürt hast, was Freiheit im Herzen bedeutet ... Und wenn du noch nicht weißt, wie der Frieden in dir einkehren kann ... dann erinnere dich an Momente deiner Kindheit!

Wann warst du wirklich ruhig?

Hast du vielleicht in den Ofen geschaut und den Keksen beim Backen zugesehen?

Oder hast du vor der Waschmaschine gesessen und die rotierende Trommel beobachtet?

Ich glaube, wir finden Erfüllung nicht in den großen Geschenken, die uns nach mehr und mehr streben lassen, sondern in den kleinen Dingen, die für das Leben bereithält. Die wirklich, wirklich besonderen Momente im Leben verschaffen uns Ruhe und Rückzug und darin sollten wir uns alle immer mal wieder üben. Dann wird unsere Welt viel, viel schöner und wir betrachten sie auf vollkommen andere Weise!

Danksagung

Mein Dank gilt all jenen, die mir ihr Vertrauen schenken, an meiner Seite mit mir wachsen und all diese wunderbaren Erfahrungen mit mir teilen.

Viele Menschen haben mir direkt und indirekt geholfen, dieses Buch zu realisieren. Ohne die Hilfe dieser Menschen hätte ich mich nicht getraut, dieses Buch zu schreiben, geschweige denn, es zu veröffentlichen und damit aus den Händen zu geben.

Ich danke ganz besonders meiner Freundin Beate Nitsche-Sperling für ihr Vertrauen in meine Fähigkeiten sowie Klaudia Greif, Heidi Goch-Lange und Patricia Müller für ihre unermüdliche und unermesslich große Hilfe, mein Buch auf den Weg zu bringen. Ohne euch wäre dieser Weg mein Geheimnis geblieben.

Buchempfehlungen

„Im Himmel zu Hause“ von James Van Praagh
Erschienen im Ansata Verlag 2011

„Gespräche mit Seth“ von Jane Roberts
Erschienen im Goldmann Verlag 2001

„Yoga Siddhis“ von Bahar Yilmaz und Pascal Voggenhuber
Erschienen im Lotos Verlag 2011

„Nachricht aus dem Jenseits“ von Pascal Voggenhuber
Erschienen im MensSana Verlag 2010

„Der Ruf der geistigen Welt“ von Bahar Yilmaz
Erschienen im Ansata Verlag 2014

„Der Verkehr mit der Geisterwelt“ von Johannes Greber

Über die Autorin

Kanya lebt mit ihrem Mann und Sohn in einem Hamburger Vorort. Nach der Geburt ihres Sohnes gab sie ihre kaufmännische Tätigkeit auf und absolvierte eine Ausbildung zur Kosmetikerin. Mit der Liebe zur Arbeit mit den Menschen veränderten sich ihr Fokus und ihr Leben. Sie ließ sich zur Yogalehrerin ausbilden und danach folgte eine Thai-Yoga-Massage-, Klangmassage- und Entspannungskursleiter-Ausbildung. Als Reiki-Lehrerin entwickelten sich ihre medialen Fähigkeiten, die sie in zahlreichen Ausbildungen in England verstehen, beherrschen und zu vermitteln lernte. Ihre Erfahrungen und ihr Wissen gibt sie nun in Seminaren weiter.

www.kanya.online

8997065R00159

Printed in Germany
by Amazon Distribution
GmbH, Leipzig